増補新装版

遊びを育てる

出会いと動きがひらく子どもの世界

著●野村寿子

対談●野村寿子＋佐々木正人

増補対談●野村寿子＋佐々木正人

那須里山舎

この本を
父・中新井邦夫に
あなたが作ってくれた
作業療法との出会いに感謝して

はじめに

日差しが眩しい春の午後、近くのグランドの横手にちょうど子どもが立って入れるくらいの低い木がありました。いい木だなあと思って見ると、やっぱり子どもが二、三人木の下に入っていて、思わず写真を撮りました。

ちょうどいい大きさの木、強い日差し、木陰、子どもの背丈、友達の数、日常の何気ない遊びが成立する背景にある様々な条件とみごとに適応していく子ども。その様子に共感しながら、自分もそういう遊びの中で育ってきたのだということに気づきます。

私自身の最も心に残る遊びの原風景は、父に連れられて、道なき道を草をかき分けながら里山に登った時のことです。途中で見つけた池で魚を見たり、虫を捕まえたり、木の実や山菜を採るなどいろいろなことを楽しみながらも、ずっと私の頭から離れなかったのは「本当にこの道で合ってるのだろうか？」という不安な気持ちでした。父が一緒なんだから絶対に大丈夫と思いつつも、どうしても拭いされなかった不安が、パッと道が開け、頂上に着いた時に一瞬にして晴れた時のあの感動は、眩しかった光やさわやかな風とともに今でもはっきりと思い出すことができます。

懐かしい遊びを思いうかべる時はいつも、そのときの感情や風景、音、時には風や匂いまでも一緒に蘇ってきます。そして、その時のドキドキしたり心配したり不安になったり、でもきっとできると自分に言い聞かせながら一歩ずつ前に進むというスタイルは、そのまま今の私の問題解決のスタイルにつながるものです。

遊びを育てることは、〝生きる力〟を育てることです。そして、遊びを援助するということは、単に遊びに必要な機能を取り出して獲得させることではなく、いろいろな感情を伴った遊びそのものの豊かな体験を援助することだと考えています。ここでいう〝生きる力〟を育てる遊びとは、だれもが日常的に経験しているごく普通の遊びのことをさしています。発達遅滞の子どもだから、重度の障害をもっているからといって何も特別な遊びを用意する必要はありません。必要なのは、普通の遊びをそれぞれの子どもたちがあたりまえに体験するための特別な配慮です。

あらためて、子どもたちが日常的に経験している普通の遊びを見ると、その中には実に多くの活動の可能性が含まれていることがわかります。たとえば、れんげ畑で年齢の違う数人の子どもたちが遊んでいる場面を想定すると、簡単にきれいな花かんむりを作っている子もいれば、大きな子の真似をして一生懸命花をつなげている子もいます。かんむりを作ってもらおうと思ってせっせと花を摘んでいる子、ただ花をちぎるのが楽しい子、れんげ畑を走り回っている子…。そこには、こうしなければならないという決まりはなく、それぞれの子どもが、自分に合ったやり方でれんげ畑を楽しむことができれば、それでいいわけです。家の近くの道端では、お兄ちゃんやお姉ちゃんにくっついて出てきた小さい子どもが、ルールは関係なしに（私の育った地域では「ごまめ」と言います）一緒にかくれんぼや鬼ごっこをしているという場面をよく見かけました。このような場面を見ていると、遊びの多様性という特徴をもってすれば、同じ空間の中で同じ時間を通して「楽しい！」を共有することは、まったく同じ行動をとることができなくても可能なのだということがわかります。

私は作業療法士として子どもの遊びに関わることで、障害をもつ子どもの「楽しい！」の幅を広げたいと考えています。そして〝遊べること〟と同時に〝遊ぼうとする〟気を育てることを目的に子どもたちと関わっています。〝遊ぼうとする〟は〝生きようとする〟につながります。

本書では、障害をもつ子どもの遊びの難しさと、そのことに対する援助の方法をできるだけ具体的に示すようにしました。障害をもつ子どもの周りの方々に幅広く活用していただき、子どもたちの「楽しい！」の輪が広がることを願っています。

目次

第一章
子どもの遊びについて

遊びの始まるところ

図1

春になると、私はわかたけ園の子どもたちと一緒に園舎の裏庭を散歩します。わかたけ園は、大阪府の吹田市にある肢体不自由児母子通園施設です。私が一緒に散歩に出る子どもたちは様々な障害をもっていますが、遊びの始まるところは、障害の有無に関係なく感動的です。

葉っぱや虫が怖くて、近づくことのできなかったあやかちゃんが、私の手の中に置いた一匹のだんご虫に気づき、見つめています（図1）。体はじっとしていますが、「怖いけれど見つめずにはいられない」という心の揺れを膝に置いた彼女の手が、表わしています。

　なおちゃんが園庭の草花に気づきました（図２）。「見つけた！」という彼女の表情につられて、思わず私も花を摘みました。なおちゃんと私の「楽しいね」を花が作ってくれたのです。そのすぐ後で、ブランコに乗ったなおちゃんは、前で一緒に揺れを感じている私に気づいて手を出してきました（図３）。楽しい空気が広がって、そばで見ていたお母さんもニコニコ顔になりました。

図２

図３

だんご虫、花、人…、日常のちょっとした出会いから遊びは始まります。出会うことによって、心と体が動き始め、動くことによってまた新しい出会いが起こります。出会うことによって引き起こされる動きは、なおちゃんの花を摘む手と顔を触る手の違いでも見られるように、何と出会うかによって異なります。あやかちゃんのだんご虫との出会いの場面のように、その子どもが出会ったモノをどのように感じているかということが、姿勢や視線、手の動きを決定する大きな要因となります。

遊びの始まりは、何と出会うか、誰が出会うかによってまったく個性的です。

そして、個性的な関わり合いを繰り返しながら、子どもの遊びは豊かな広がりを見せます。

活動の特徴

楽しさを追求する自由な活動

保育園の自由時間に子どもたちが大きなソフトブロックを出して遊んでいました（図4）。もしも私が、大きなソフトブロックを目の前に置かれて「自由に遊んでいいよ」と言われたら、きっと横に並べたり、高く積んだり、崩したり、トンネルを作ったり、電車に見立てたり、というようにブロックを構成的に扱った遊びになるでしょう。ところが、その時私が見た光景は、子どもたちがブロックの上に座っておしゃべりしていたり、ブロックを大事そうに抱えて数人集まっていたりというものでした。ブロック＝構成的な遊び、という大人の固い発想をよそに、子どもたちは自由にブロックのある空間を楽しんでいたのです。

いつの間にか私たちはすべり台は座ってすべるものだと思っていますが、決してそうでないことは、自分の子どもの頃の経験を思い出せば簡単に理解することができます（図5）。後ろ向きにすべったり、頭からすべったり、友達と連なってすべったり、

図4

図5

下からかけ上ったり、すべり台を使って鬼ごっこをしたり。それぞれの子どもが、自分が楽しいと感じる遊びを繰り返し、また、友達のやり方を横で見ていて面白そうだと感じたら、すぐに真似をして挑戦してみる。ここでも〝すべり台遊び〟という決まった遊びがあるのではなく、自由なすべり台との関わりが、遊びであることがわかります。

図６

子どもの遊びは場所を問いません。たとえば、わざわざ砂場へ行かなくてもあたりにある土がすべて遊びの対象となります。土を集めて集めた土でままごとをしたり、棒きれで絵を描いたり、穴を掘ったり石を拾い集めたり、並べたり大事そうに握っていたり…。公園の水飲み場も、子どもにかかれば、穴の部分に手を当ててピューッと水の飛ばし合いをする遊び場になってしまいます（図６）。

このように、子どもの遊びとは最初から形の決まったものではなく、「楽しい」「面白い」「心地よい」を追求する自由な活動であるといえます。

環境との柔軟な関わり合い

晴れた日はチョウチョが元気、雨の日はかたつむりが元気です。毎日通る道も、晴れた日と雨の日ではまったく違った表情を見せます。道路を走る車の音でさえ、晴れた日と雨の日では違います。日差しの強い日には帽子をかぶり、雨の日には傘をさすように、子どもたちは、良い天気の日には影踏みをし、雨の日には水たまりで遊びます（図7）。

ある晴れた春の日、畑でてんとう虫を見つけた子どもは、じーっと見つめ、逃げられないように素早く捕まえ、手の中の虫をつぶさないように手をふんわりと握り、虫が動くくすぐったい感覚を感じ、時々そっと手の隙間から覗き込んだりしながら、大事に家まで持って帰ります。

子どもの遊びを見ていると、その季節によって、その日の天気によって遊び方が違うことに気づきます。光や風、土、水、木、虫、そういった自然がその時々に違った様子を見せ、その微妙な変化をうまく捉え自分たちの遊びにしていくのです。自分の持ち合わせている様々な感覚機能や運動機能を総動員して、環境との接点を見つけ体ごと馴染んでいく様子を見ていると、遊びとは非常に高度な環境との関わり合いであることがわかります。

遊び空間や物理的な遊び環境も、子どもの遊びを決定する大きな要因となります。広いグランドで大きな声を上げて走り回っている子どもが、土管のような狭いところでは、入り込んでひそひそ話をしています。緩やかな斜面があれば上りたくなったり、腰を降ろしたくなったり。斜面に体をあずけて寝転びたくなったりするのは、大人になった今でも、容易に理解できる感覚です。

土手で遊んでいる子どもの様子を見ていると、よく飽きないものだと思うほど、上ったり下りたりを繰り返しています。その繰り返しの場面をよく見ると、手をついて上れたら次は駆け上ってみる、お尻をついてすべり下りたり走って下りたり、ダンボール紙を敷いてそり遊びをしてみたりというように、少しずつ子どもの遊び方に変化が起こっていることに気づきます。環境と関わる行動とは一定のものではなく、今自分にできることを確認しながら、子どもが自ら変化させていくもののようです。

図7

日常的な環境の中で彼らが行っている遊びの様子を見ていると、自分が子どもだった頃のことを思い出します。道路の脇の狭いところや段になっているところをわざわざ歩いたり（図8）、石垣の上にわざわざよって飛び降りようとする子どもの行動は、昔自分がしていた行動として共感することができますし、コンクリート壁の排水用の穴を覗き込み、枝切れなどを突っ込んだり、

図8

トタンの塀に手をこすりつけながら歩いて、手が真っ白になってしまったという経験も同じように持っています。教えられたわけでもないような行動を、世代を超えて同じようにとりたくなるのは、それぞれの環境の持つ性質によるところが大きいようです。

自ら段階づけて発展していく活動

子どもの遊びは、一つの活動にとどまらず次々と新しい発展を見せます。そんな子どもの様子に、大人はつい「誰に教えてもらったの?」と尋ねてしまいます。しかし、「自分で考えた!」という子どもからの答えで明らかなように、子どもは様々な素材に気づき、繰り返し関わりながら遊びをステップアップしていきます。大人から与えられるのではなく、自分で獲得していくのです。

たとえば、自分で歩くことに余裕が出てきた子どもは、よく晴れた日自分の影を見つけます。影を見ながら歩く活動を繰り返しながら、子どもは影の見えない日があること、場所によって影の方向が違うこと、夕方の影は長いこと、家の影に入ると自分の影が見えなくなることなど、次々と発見していきます。そしてそのような遊びの繰り返しの中でごく自然に影踏み遊びが始まります。

図9

〝風〟も子どもにとっては遊びの材料です。扇風機の風、寝転んで顔の上を流れていく風、風に向かって走った時の全身に感じる風、自転車で坂を下る時の風を切る感覚、強い風に吹き飛ばされそうになりながらふんばって歩いた体験など、いろいろな風との関わりを通して、子どもは風に気づき、風を感じ、同時に風を感じた自分の体に気づいていきます（図9）。そして、大空を悠々と泳ぐ鯉のぼりや木々の揺れるのを見て、目に見えない風を見ることを知り、シャボン玉、凧上げ、風車など、風を利用して遊ぶことの面白さに気づく段階へと発展していきます。

集団遊びでも同じような発展の過程が見られます。一人ではただ走り回っているだけの遊びも何人か集まると追いかけっこになり、走る—追いかけながら走る—後ろを振り返りながら走る、というように自然により高度な運動機能を学習していきます。逃げる—追いかける。つかまえる—つかまる、といったルールも、最初から教えられるのではなく、繰り返し経験しながら理解していくもののようです。

遊びは出会いから始まる（遊びのテーマ）

私たちは、人や物、空間を含む多様な環境の中で生きています。そしてそれらの様々な環境と出会うことによって、行動が引き起こされ遊びが生まれます。出会うことがなければ何も起こりません。

子どもの遊びは、多くの研究者によるいろいろな分類がなされていますが、ここでは「遊びが出会いから始まる」ということを前提とし、出会いの対象別に分類することにします。

人と出会う遊び

人との出会いは、母親から生まれ出たその瞬間から始まります。何もできないかのように見える新生児ですが、生理的欲求を泣くことで表現し、周りの大人との関わりを作っていきます。生来的に備わっているといわれる生理的微笑や、共鳴動作も大人の働きかけを促すきっかけとなり、初期の人との遊びが始まります。このような親子遊びによって愛着関係が育ち、それを支えとして身近な大人から、相手をしてくれる別の大人へと、子どもは人との遊びの幅を広げていきます。そして次に周りの友達に興味が向き始め。相互の関わり合いの中で人との遊びのレパートリーを増やしていくのです。

ごく初期のくすぐり遊びのようなものから、ルールを共有する追いかけっこやかくれんぼのような遊びまで、人と出会うことによって成立し人とのやり取りを楽しむ遊びを人と出会う遊びとして扱うことにします（図10）。

図 10

自分の体と出会う遊び

反射的に手足を動かしているように見える生まれたての赤ちゃんも、突然に聞こえた音や光などの刺激に対してハッと動きを止めるという行動を見せます。自分の体に力がこもるということを偶然的に体験しながら、子どもは自分の体と出会い、次第にコントロールするようになっていきます。うつぶせで頭を上げることに気づいた子どもは、疲れるまで精一杯頭を上げることを試みます。ようやく立つことができるようになったら、何度も何度も自分から立ち上がることを繰り返します。大人から見ると、練習という言葉で表わされるような行動も、子どもは自由に、主体的に、目的的に、つまり遊びとして行っています。

自分自身でする行動だけでなく、大人にやってもらう高い高いや振り回しなどの遊びも自分の体を意識づける活動ですし、公園のブランコやすべり台、ボールやなわと

図 11

図 12

び遊びなど遊具に合わせて体を動かす遊びも、自分の体と出会う遊びであるといえます（図11）。

自然と出会う遊び

砂・土の遊び、草花、水、光や風、生き物との遊びなど、様々な自然の物と出会うことから始まる遊びをいいます。これら自然の物たちは、常に微妙に変化しています。昨日はかたつむりがいた塀を再び見に行っても出会うことができなかったり、ホースから流れ出た水が溜まって大きな水たまりができていたり、いいお天気だと思って散歩に出たら急に雨が降ってきたということもあります。そのつど子どもたちは新鮮な驚きや面白さを感じ、試行錯誤しながら、自然に働きかけることを繰り返しています（図12）。

物と出会う遊び

物と出会う遊びは、大きくは三種類に分けて考えることができます。

一つは、紙遊びや粘土遊びなどに代表される、手を使って素材を変化させることを楽しむ遊びです。これらは最初素材そのものを感じ確認するような感覚的な遊びから始まることが多いのですが、だんだんと製作的な要素の強いものへと変化させることができるという特徴を持っています（図13）。

二つめには、ペンやはさみなどの道具を使う遊びがあります。どんなふうにでも扱える素材遊びとは対照的に、道具にはおおかたの決まった使い方があります。そのため、自由な遊びの中では戸惑ってしまう子どもにとって、自ら扱い方を提示してくれている道具は。安心して扱える〝物〟であるようです。

そして三つめはおもちゃ遊びです。明らかに子どもが遊ぶことを意図して作られた〝物〟なので、子どもの要求を容易に満たしてくれます。自由に選べて、なおかつある程度の方向性を定めてくれるおもちゃが、今も昔も子どもたちは大好きです。

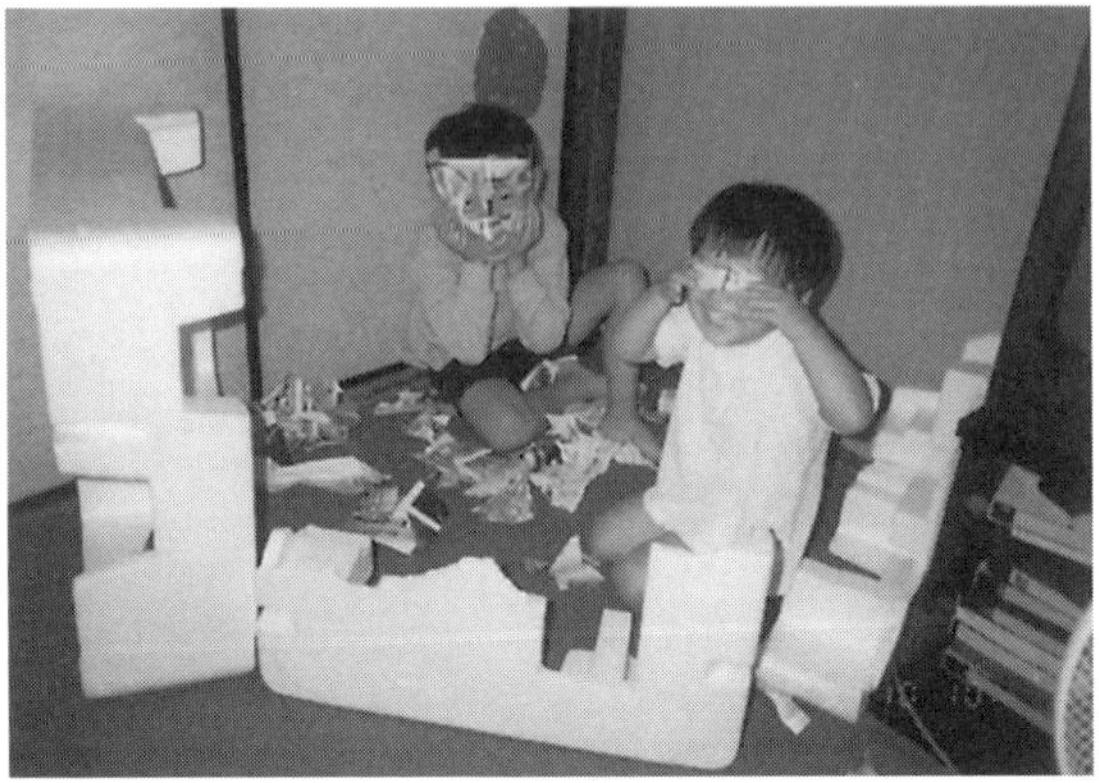

図 13

図 14

生活の中で出会う遊び

子どもは、大人の行動をよく見ています。知らない間に口紅で子どもの顔が真っ赤になっていた、化粧水を全部出していた、洗濯洗剤を箱ごと洗濯機に入れていた、などの子どもの失敗談は、周りの大人へのあこがれから起こるものなのかもしれません。押入れや階段など、生活上必要なために用意された空間が、子どものかっこうの遊び場となることがよくあります。また、子どもが生活の中で行うお手伝い活動も、強制されずに自主的に行う場合は遊びと考えることができるでしょうし、一人で留守番をしたり、買い物をしたりするのも、子どもがドキドキしながら行う遊びの一つであると考えることができます。

これらの活動をまとめて、生活の中の遊びと呼ぶことにします（図14）。

遊びの育つ過程（遊びのステップ）

子どもは、一つの環境において何度も繰り返し遊びます。そして自分のできることを確認しながら、自分で遊びを発展させていきます。しかし同じ出会い（遊びのテーマ）があっても、遊びが始まらない子ども、広がらない子どもがいます。彼らの遊びに注目し援助の手だてを考える時、テーマによる分類とは別に、一つの遊びを発展過程に沿って分類することが必要になってきます。そこで、①出会う、②気づく、③感

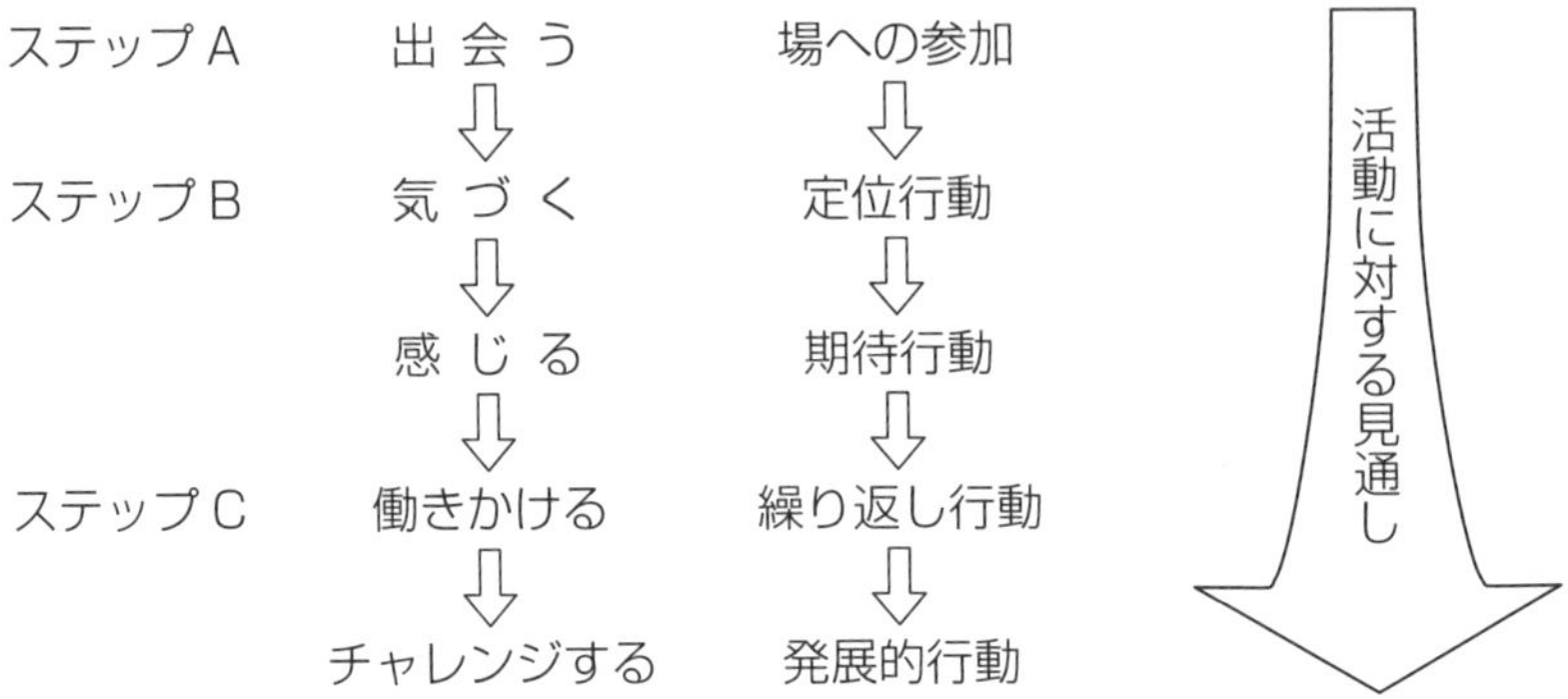

図15　遊びのステップと発達過程

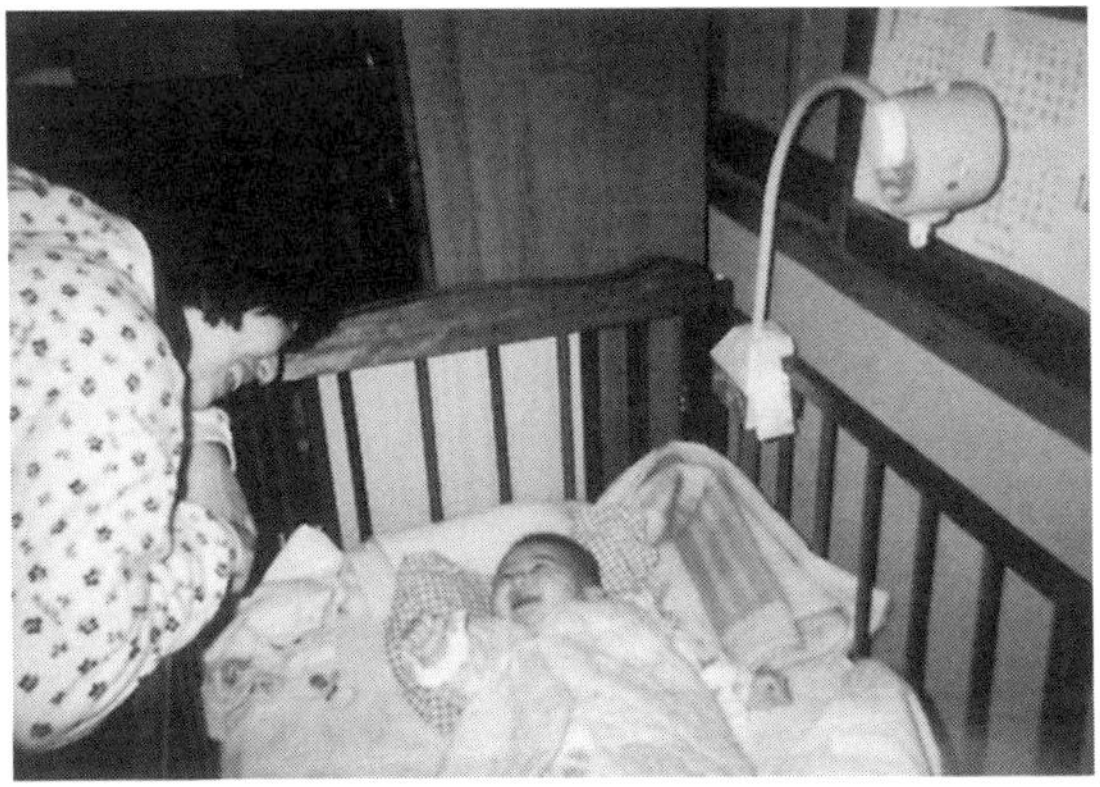

図16

じる、④働きかける、⑤チャレンジするという五つの過程に分類します（図15）。

いないいないばぁ遊びを例にとってみると、まず「いないいないばぁをしてもらう」という〝出会い〟から、遊びがスタートします。そして、暗いところから急に明るくなったり、顔が見え隠れすることに〝気づく〟という過程（図16）を経て、〝感じる〟という過程では「いないいないない」というと「ばぁ」を期待して待つという行動が見られ（図17）、次に「もっと」「もう一回」と声や動作で催促する〝働きかけ〟の過程へと遊びは段階的に広がりを見せます（図18）。そして自分で「いないいないば

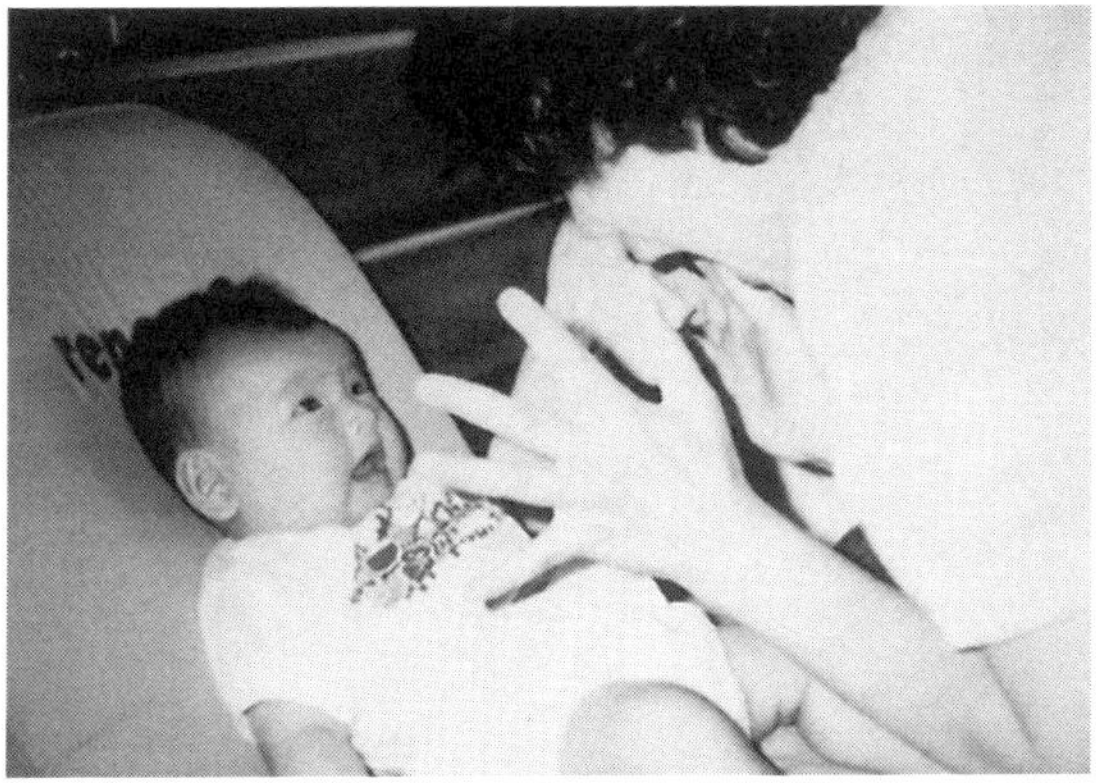

図 17

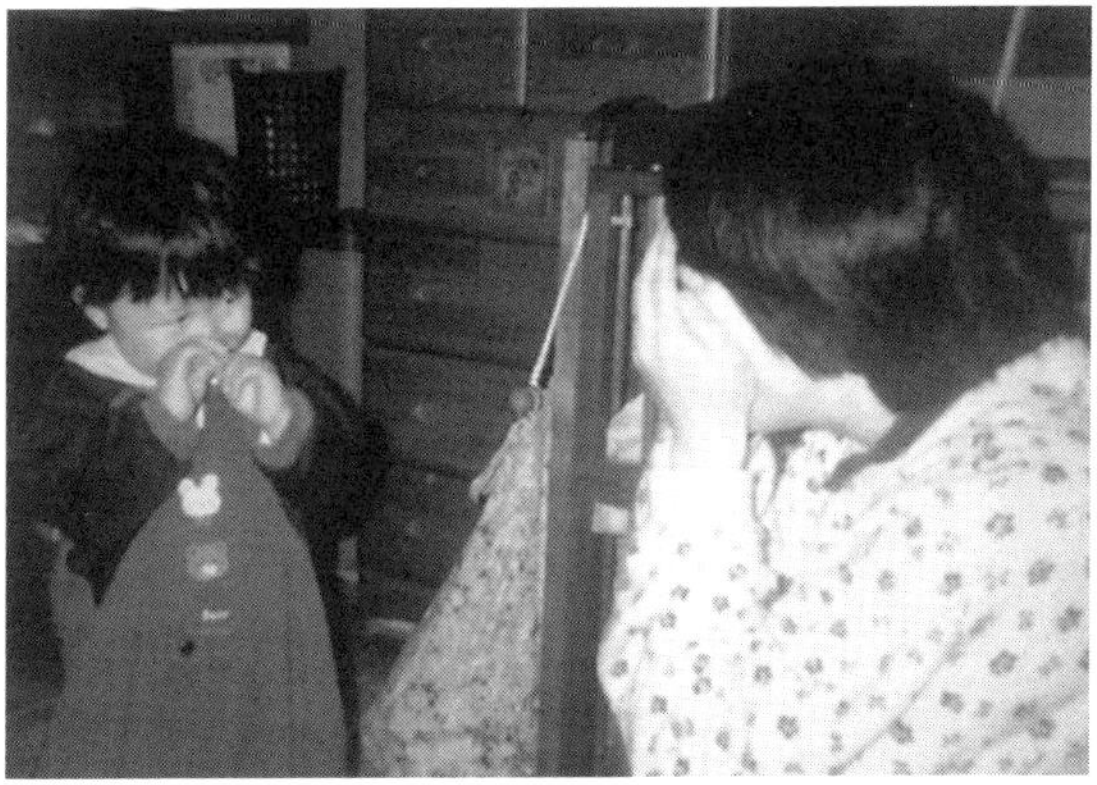

図 18

図 19

ぁ」をしたり、いろいろな場所や道具を使って「いないいないばぁ」を行うといった〝チャレンジ〟の過程へと発展していくと考えます（図19）。

これらのステップは図15に示したとおり行動様式の側面から見ると、参加→定位→期待→繰り返し→発展として見ることができます。また、遊びに対して受け身的な段階から、見通しを持ち能動的に関わる段階へと変化していく過程であると考えることもできます。しかし、実際には〝気づく〟〝感じる〟の二つの過程と〝働きかける〟〝チャレンジ〟の二つの過程は重なり合っていることが多いため、五つの遊びの過程を大きく次の三つのステップに分類して用いています。

ステップA―初めて場に参加する段階　（〝出会い〟の過程）

ステップB―感覚運動そのものを楽しむ段階（〝気づく〟〝感じる〟の過程）

ステップC―見通しを持って活動する段階（〝働きかける〟〝チャレンジ〟の過程）

第二章
障害をもつ子どもの遊びの難しさについて

同じ場にいながら同じ遊びができない

バギーで出かけることの落し穴

一、二歳の保育園の子どもたちのお散歩について行った時のことです。溝の中を歩いている子、溝の蓋から小石を落としている子、葉っぱをちぎっている子、毛虫をじっと見ている子、清掃車を見つけて駆け出す子、飛行機を見ていて後ろにひっくり返りそうな子、犬を触ろうとしている子、怖くて側で見ている子…。同じ場所でも。それぞれの子どもがいろいろなものと出会い、立ち止まり、思い思いの遊びを展開していました（図20）。

子どもにとっては、見るものすべてがめずらしく、不思議だらけで、立ち止まって触って、匂って、ちぎって、確かめることで、自分のエリアを広げていきます。公園へ行ってブランコやすべり台をすることは、確かに楽しみな目的ではありますが、「公園へ行こう」という言葉の中に子どもたちが感じるものは、坂道を上る楽しさであったり、途中にいつもいる犬であったり、昨日見た毛虫であったり、溝であったりするのです。そして、それらのものがつながったところに子どもの〝公園〟があるのだと思います。

私たちも同じように様々な出会いの活動を通して育ってきました。その結果、様々な風景を「知っている」から、その中から自分の行うべき行動を選択できるから、今、何の不安もなく道を歩くことができるのです。動くことの難しい子どもの場合、子どもをバギーに乗せれば、お母さんは「すでに知っている」大人のペースでバギーを押

図 20

すことができます。子どもの方も、あえて外に目を向けなくても、バギーの適当な揺れを楽しむことで満足してしまいます。子どもたちにとって大切な溝や犬や車や花は、見ることも触れることも耳をすまして聞くこともなくサーッと流れて行ってしまい、毎日通っている道なのに何一つ知らない、という状況を生んでしまいます。

バギーを使って散歩に行くことを否定するのではなく、動くことが難しい子どもがバギーを使った散歩に出た時でも、確実に自分のエリアを広げていくことができるような援助の方法を考えなければならないと思っています。

体験できないということが…

四歳の愛ちゃん（脳性麻痺・片麻痺）の家に、家庭訪問に行った時のことです。愛ちゃんは、一人で座っているのがまだ少し不安定です。出かける前に「何か困っていることはないですか?」とお母さんに尋ねると、「室内用のブランコがあるのですが、まだ一度も乗ったことがないのです」という答えが返ってきました。

愛ちゃんの家に着くと、私はさっそく骨盤が安定しやすいような座面を作りました。体を止めるベルトを用意し、うまく力が入らずすぐに離してしまう手を、短いベルトで持ち手に止めてみました。そしてその日は、初めて一人でブランコに乗ったニコニコ顔の愛ちゃんを見て、私もうれしい気持ちで帰りました。次の日お母さんが私に一枚の写真を見せてくれました。それは、愛ちゃんのお兄ちゃんと妹と三人で一つのブランコに乗っている写真です（図21）。愛ちゃんと妹が向かい合わせで座り、お兄ちゃんが真ん中に立って漕いでいるところでした。ごくあたりまえのほのぼのとした兄

図 21

妹の姿が写っている写真を見て、この子はこんな経験もできていなかったんだということと、そのことに私を含め、周りの大人がまったく気づいていなかったということを、私はその時初めて知り、唖然としました。ブランコに乗れないということが、ただ単にブランコの経験不足だけにとどまらず、兄妹や友達との楽しい遊び不足につながってしまうのです。少し工夫してブランコに乗れるようにするだけで、人との新しいつながりが生まれる…。周りを見渡せば、同じようなことが山ほどあるのではないでしょうか。

子どもにとって遊びを経験するということは、ただ単にその活動を行うということにとどまらず、それに付随するいろいろなことを経験するということをも含みます。子どもの頃の様々な遊びを思い起こす時、遊びの活動と一緒に友達の顔や、声、楽しかったり悔しかったりした気持ちまでついてくることを思うと、遊びの経験不足の引き起こす重大さに気づくことができます。だから私は、障害をもつ子どもの問題は「障害がある」ということではなく「障害があることによって、大切なあたりまえの遊びや生活が見えなくなってしまうこと」ではないかと思うのです。
愛ちゃんのブランコ以来、私は「あたりまえ探し」をしています。

動きが違うということが…

保育園へ障害児保育の巡回相談に行った時のことです。

かず君（三歳、点頭てんかん）のクラスは近くの公園へお散歩に行き、みんなで鳩にパンくずをあげていました。お座りがやっとできるようになったかず君は、土の上に座り、寄ってくる鳩を見て自分でパンを差し出していました。「よかった、一緒に遊べている！」――一瞬私はそう思いました。ところが次の瞬間、他の子どもたちは広い公園の中で次々と自分達の遊びを始めたのです（図22）。石ころを拾っている子、木の陰でかくれんぼをしている子、保母と追いかけっこをしている子…。あっという間にかず君は土の上でポツンと一人で座っているという状況になってしまいました。子どもの遊びとは、同じことの繰り返しではなく、常に動きの中で変化していくもの

図 22

なんだ…。公園のこの光景は、動くことの難しい子どものハンディキャップを私に突きつけるものでした。

同じ場にいながら同じ遊びができないということが悔しくて、私は「子どもが同じ場にいるということで安心していないだろうか?」「同じ遊びができていないのは、本当にその遊びそのものができないからだろうか?」という問いを繰り返しています。つまり、公園へのお散歩という設定の中で、保母が子どもたちに経験させたかったことは鳩にエサをやるということから広がる自由な探索活動ですが、それはかず君にとっては、公園へ行くだけでは、決して経験できないものでした。かず君は石ころを拾うことができないのではなく、石ころの所へ行くことができなかったのです。追いかけっこが好きか嫌いかという以前に、自ら動くことのできない彼には追いかけっこを経験するチャンスがなかったのです。

体の運動機能に障害のある子どもは、早期から動くための訓練を積み重ねています。幼い子どもにとって訓練して動けるようになることは、とても大きな目標ですが、本来〝動く〟ということは、様々なものと出会い、出会うことによって引き起こされる豊かな経験であると考えます。ですから、自ら動くことの練習と平行して、他動的であっても動く経験をさせて「動くことの楽しさ」「動きたい」という気持ちを育てることを、忘れてはならないと思います。

安全を気づかうということが…

やはり保育園の巡回相談で、あやちゃん(二歳、筋ジストロフィー症)のクラスで新聞やぶりの場面を見せてもらった時のことです。保母から新聞を手渡された子どもたちは、めいめいにちぎって遊び始めました。あやちゃんはまだお座りが不安定なのですが、介助の先生と一緒にゆっくりとちぎっていました。最初私は、彼女がうまくバランスをとって作業している姿を見て、上手になったなぁと、感心して見ていました。しかし、しばらくするとクラスの子どもたちはちぎった新聞をまき散らし、まき散らした新聞の上を走り回り、ゴロゴロと新聞にまみれて転げ回り、実に生き生きと全身で紙を感じて遊び始めました。その中であやちゃんは、危険が少ないようにと、集団の輪から少し離れたところで、介助の保母と向かい合って、ずっと紙ちぎりをしていたのです。もちろんその場にいた保母も、子どもにとって単に紙をちぎるということだけが新聞紙の遊びだとは思ってはいません。けれど、障害があるから、動けないから、危険だからということが先行してしまうと、いくら周りで他の子どもたちが生き生きと遊びを展開していたとしても、その遊びの違いに矛盾を感じなくなってしまうようです。

体で新聞を感じる経験をせずに、ひたすら新聞を手でちぎる活動を繰り返すあやちゃんの姿を見てもう一つ感じたのは「どこかで見たことのある光景だ…」ということでした。セラピストとの関係の中で、与えられた遊びを、決められた方法で繰り返し行う子ども…。治療のためのアクティビティとして遊びを利用することは、決して悪いことだとは思っていません。しかし、それはあくまで治療の中の一場面にすぎず、子ども本来の遊びとは、まったく別のものであるということを私たちは知っておかなければなりません。私たちが遊びを援助していると思っている内容は、実は子どもの本来の遊びを阻害し、狭く限られたものにしてしまう危険性を持っているのだということを、真摯に受け止めなければならないと思っています。

あやちゃんの新聞やぶりの場面で私たちがアドバイスしなければならないことは、座位能力や上肢機能についてではなく、いかに他の子どもだちと一緒に新聞を体で感じる遊びをさせるかということです。そのことに気づくためには、専門性にとらわれず、純粋に子どもたちの遊んでいる姿に目を向ける必要があるのではないでしょうか。

遊びの経験不足の実態

心身に何らかの障害があると診断された子どもたちの多くが、〝遊びにくさ〟を持っていて、そのことが、彼らの豊かな生活と発達を妨げる非常に大きな要因となることが予測されます。では、障害をもつ子どもたちの〝遊びにくさ〟とは、具体的にどのようなものなのでしょうか。

〝遊びにくさ〟の実態を知り、遊びを育てるための作業療法士の関わりの必要性と可能性を知るために、大阪府作業療法士会の研究グループで、府下の肢体不自由児通園施設に在籍する子どもの遊びに関する、アンケート調査を実施しました。

障害をもつ子どもの遊びは、基本的に広く一般の子どもたちと何ら変わるものではありません。私は障害をもっているからといって、その遊びが特別な形態をとったり、特殊な発展をしたりすることはないと考えています。

そこで、アンケートは、就学前にごく一般的に経験すると考えられる遊びをまず六七種リストアップし、それらを九項目に分類しました。さらに各々の遊びについて二〜八通りの遊びの方法を挙げ、母親に経験の有無を記入してもらう形式をとり、二〇三部の有効回答が得られました（図23）。また、障害をもつ子どもの遊びの経験の内容と比較検討するために、〇歳児から五歳児の健常児六八名についても同様の調査を行っています（図24）。

そして得られたアンケートのデータを、障害をもつ子どもの〝遊びにくさ〟の特徴を知るために、人、体、自然、物、生活といった出会いのテーマ別に、また、発展過程でのつまずきをより明確にするためにステップ別に整理しなおして、結果をまとめました。

健常児との比較

それぞれの年齢における障害をもつ子どもの遊び経験の平均値は、グラフ（図25）でも見られるように、同年齢の健常児の六〇％前後で、全般的な経験不足が見られます。また、健常児の遊びの経験率では、個人差が年齢とともにだんだんと少なくなっているのに対し、障害をもつ子どもの場合は、年齢に関係なく大きくばらついていることも、特徴として表われています。一方、健常児の〇歳児、一歳児の遊び経験も非常に個人差が大きく、障害をもつ子どもの特徴と類似していることがわかります。

〇歳児、一歳児の子どもと障害をもつ子どもに共通しているのは、どちらも自分が動くことによって遊びと出会うことが難しいという点です。健常児においても自分で

III　自然の遊び

したことが
ある・ない

3-1	□A	道の遊び
3-1-1	□B□D	坂道を歩く，バギーなどで下り坂のスピードを感じる
3-1-2	□B□D	段差，でこぼこ道，溝などを歩く・バギーなどでガタガタ道を感じる
3-1-3	□B□D	マンホールに気づいて立ち止まる・マンホールで遊ぶ
3-1-4	□C□D	壁をさわったりのぼったりボールを当てたりして遊ぶ
3-2	□A	探索遊び
3-2-1	□B□D	葉っぱや草花などを見つける
3-2-2	□B□D	虫，鳥，犬，猫などを見つける
3-2-3	□B□D	車，飛行機，電車などを見つける
3-2-4	□B□D	石などを拾う
3-2-5	□C□D	拾ったもの，ちぎったものを持って帰る
3-2-6	□C□D	寄り道をする
3-3	□A	砂・土の遊び
3-3-1	□B□D	砂や土をさわる
3-3-2	□B□D	砂や土で手や足を隠したり，出したりする
3-3-3	□C□D	水を入れる
3-3-4	□C□D	お団子やプリンなどを作る
3-3-5	□C□D	山を作る
3-3-6	□C□D	作ったものをつぶす
3-3-7	□C□D	トンネル，落とし穴など，穴を掘る
3-4	□A	光・風・雨・雪の遊び
3-4-1	□B□D	ひなたぼっこをする
3-4-2	□C□D	影ふみ遊びをする
3-4-3	□B□D	風にあたる
3-4-4	□C□D	凧上げをする
3-4-5	□B□D	雨や雪にぬれる
3-4-6	□C□D	傘に水を当てたり，振り回したり，引きずったりして遊ぶ
3-4-7	□C□D	水たまりに入る
3-4-8	□C□D	雪だるま作りや雪合戦などの雪遊びをする
3-5	□A	火の遊び
3-5-1	□B□D	たき火にあたる
3-5-2	□C□D	たき火に葉や木切れ，さつまいもなどをくべる
3-5-3	□B□D	花火をする
3-5-4	□C□D	火を吹き消したり，水で消したりする
3-6	□A	水遊び
3-6-1	□B□D	水をさわって遊ぶ

図 23　遊びのアンケート（一部抜粋）

		したことが ある・ない
3-6-2	□B□D	水道やホースの水で遊ぶ
3-6-3	□C□D	コップやじょうろなどを使って遊ぶ
3-6-4	□C□D	船や金魚のおもちゃなどを浮かべたり，ビー玉などを落として遊ぶ
3-6-5	□C□D	水鉄砲などのおもちゃで遊ぶ
3-6-6	□C□D	洗濯ごっこをする
3-7	□A	プール遊び
3-7-1	□B□D	おんぶや抱っこで水になれる
3-7-2	□B□D	ブクブクしたり，顔をつけたりする
3-7-3	□B□D	水しぶきをあげる
3-7-4	□C□D	水のかけあいをする
3-7-5	□C□D	水の中を歩く，浮き輪などを使って動く，泳ぐ
3-8	□A	冒険・探険
3-8-1	□C□D	塀や木など高いところに上る
3-8-2	□C□D	暗いところを探りながら進む
3-8-3	□B□D	すき間や箱の中など，狭いところに入り込む
3-8-4	□C□D	草のいっぱいはえている道などの，険しいところを進む
3-8-5	□B□D	一人でいる
3-9	□A	生き物との遊び
3-9-1	DC□D	手や網を使って虫を捕まえる
3-9-2	□B□D	虫をさわる，つまむ，つかむ
3-9-3	□C□D	集める
3-9-4	□C□D	虫を飼う
3-9-5	□B□D	草をちぎる，花のにおいをかぐなど素材を楽しむ
3-9-6	□C□D	草花に水をやる
3-9-7	□C□D	鳩や金魚，動物などに餌をやる
3-9-8	□C□D	動物などをかわいがる，世話をする
3-10	□A	シャボン玉遊び
3-10-1	□B□D	シャボン玉の動きを見て喜ぶ
3-10-2	□C□D	シャボン玉をさわってこわす
3-10-3	□C□D	シャボン玉を追いかける
3-10-4	□C□D	自分で吹く

図 23 （続き）

年齢	障害をもつ子ども(名)	健常児(名)
5歳児	27	15
4歳児	37	18
3歳児	38	10
2歳児	57	9
1歳児	40	11
0歳児	4	5
合計	203	68

図24　年齢の分布（1994年7月調査）
5歳児とは、1988年4月2日から1989年4月1日の間にうまれた子ども。

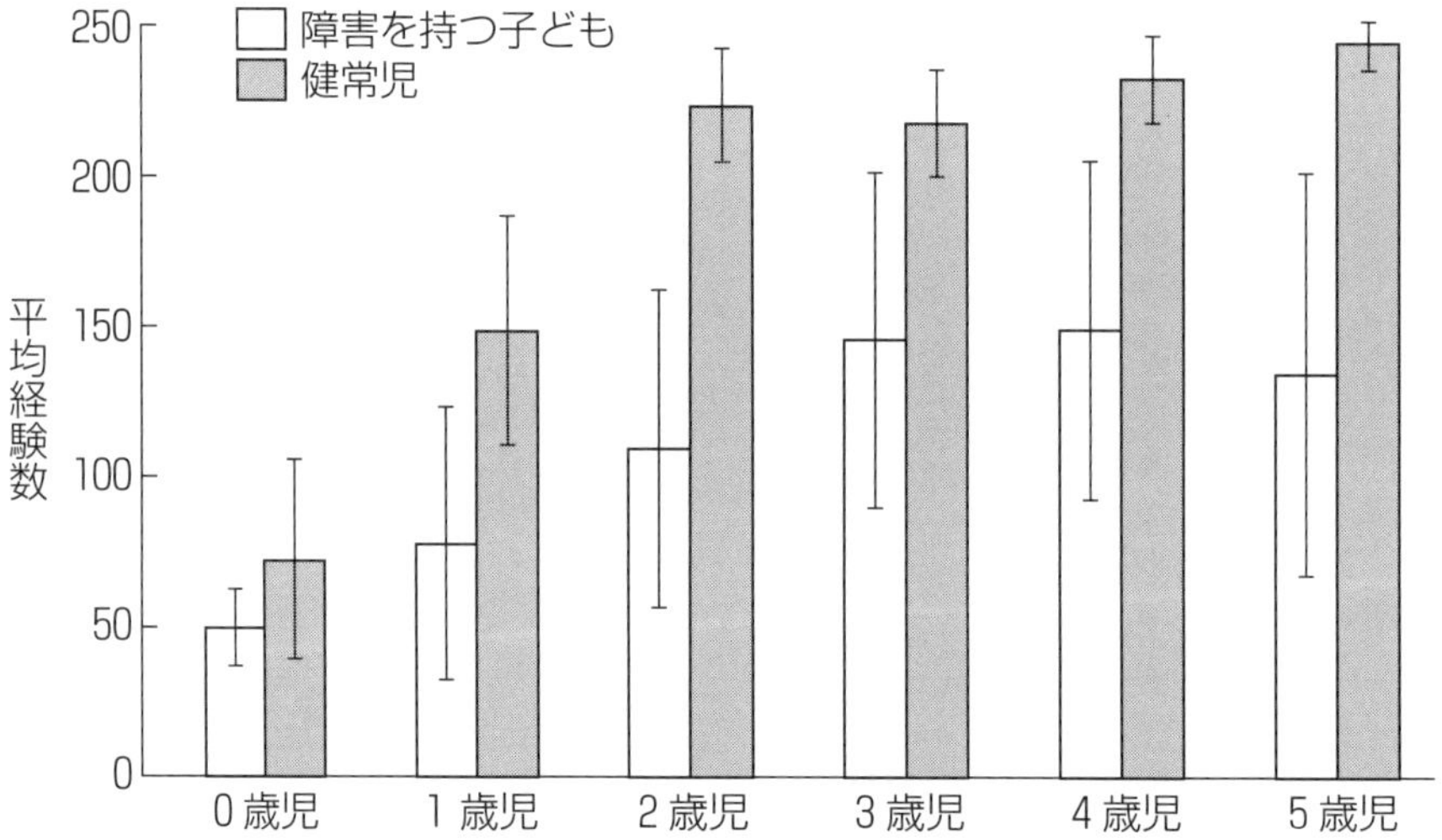

図25　各年齢別遊びの経験数

動くことのできない時期の遊び経験は、周りの大人がいかに意識して遊びの機会を提供するかによって大きく違ってきます。

だとすれば、障害をもつ子どもの遊び経験のばらつきも、周りの大人の意識に大きく左右されるのではないかと考えることができます。そしてそれは、障害をもつ子どもの周りにいる作業療法士が遊びを意識して関わり、遊びを育てることを目的とした作業療法を行うことの可能性を示すものであると言えます。

機能による比較

ひとくちに障害をもつ子どもと言っても、それぞれの子どもの障害像は様々です。個人差に関して述べたように。単純に障害が重いからと言って、遊び経験が乏しいとは言えません。しかし一方で、健常児が年長になるにつれて個人差がなくなっていくのと同じように、自分で動くことができるようになり、生活の中で自分でできることが増えてくれば、遊び経験にも変化が見られるであろうということも予測がつきます。そこで、日常生活上できることが増えると、遊び経験がどのように変化するのかを見るために、それぞれの子どもの機能の目安として日常生活動作（ＡＤＬ）の自立の度合いを取り上げ、ＡＤＬ１（全介助）、ＡＤＬ２（部分介助）、ＡＤＬ３（ほぼ自立）の三群に分けて調べました（図26）。ここでは、発達的なＡＤＬ機能獲得の時期を三歳と考え、年齢を三歳以上に限定して健乳児と比較しています。

比較したグラフから、ＡＤＬ３の子どもは、健常児とほぼ同じような経験をしていることがわかります。しかし、ＡＤＬ能力が低くなるにしたがって、その差は大きく

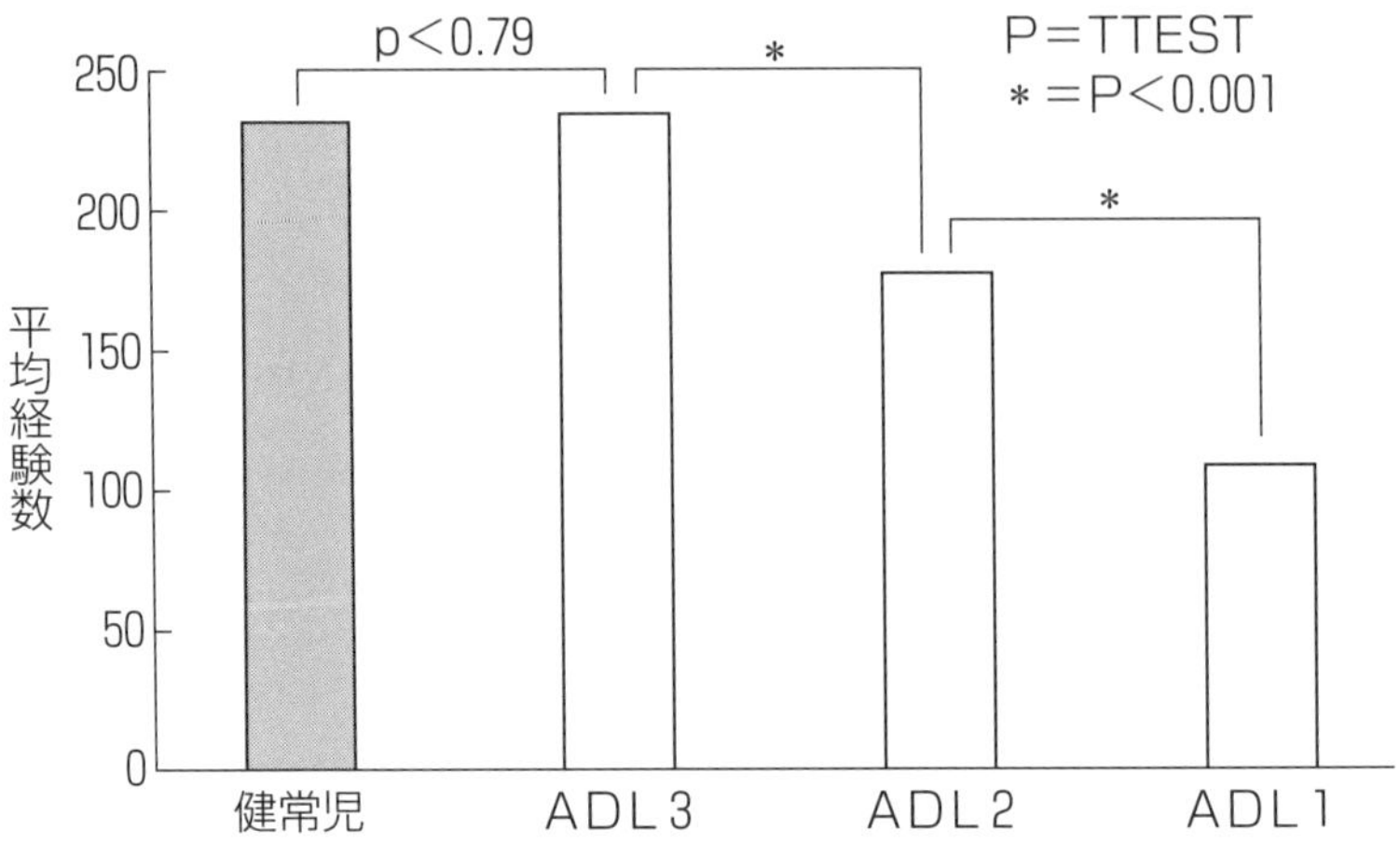

図 26　ADL 機能別遊びの経験数
(3 歳児以上)

開き、ＡＤＬ１の群では。健常児の半分程度の経験しかできていません。このように、障害の重い子どもの〝動けない〟は、〝遊べない〟につながり、〝遊べない〟は残念なことに〝遊ぼうとしない・遊んだことがない〟につながってしまいます。

私は、子どもの機能的な障害を、直接〝遊べない〟につなげないようにするところに、作業療法士の役割があると考えています。すべての子どもが持っている「遊びたい！」という欲求が見えなくなってしまう前に、動くことが難しいけど遊べるんだということを、子どもたちに伝えていきたいと思います。

経験しやすい遊びと経験しにくい遊び

障害の有無にかかわらず、誰にでも得意なことと苦手なことがあります。うまくできるから好きなこと、下手だけれど好きなこと、苦手でやりたくないことなど、ある遊びを行う時のモチベーションは人によって様々です。しかし、障害をもつ子どもの「やりたくない」を見る時、その判断が実体験に基づいているかどうかという点に注目する必要があります。「一度してみたけど、面白くなかったからしたくない」というのと「したことがないので、面白いかどうかもわからない」あるいは「その遊びそのものを知らない」というのでは、〝しない〟という行動の持つ意味がまったく違います。

遊びの経験率のグラフ（図25）で見たように、健常児の場合は年長になるとほとんどの子どもが同じような遊び経験を持っています。そして子どもたちは、共通した多くの遊び経験の中から選択して日常の遊びを行っているのです。また、同じ遊び経験

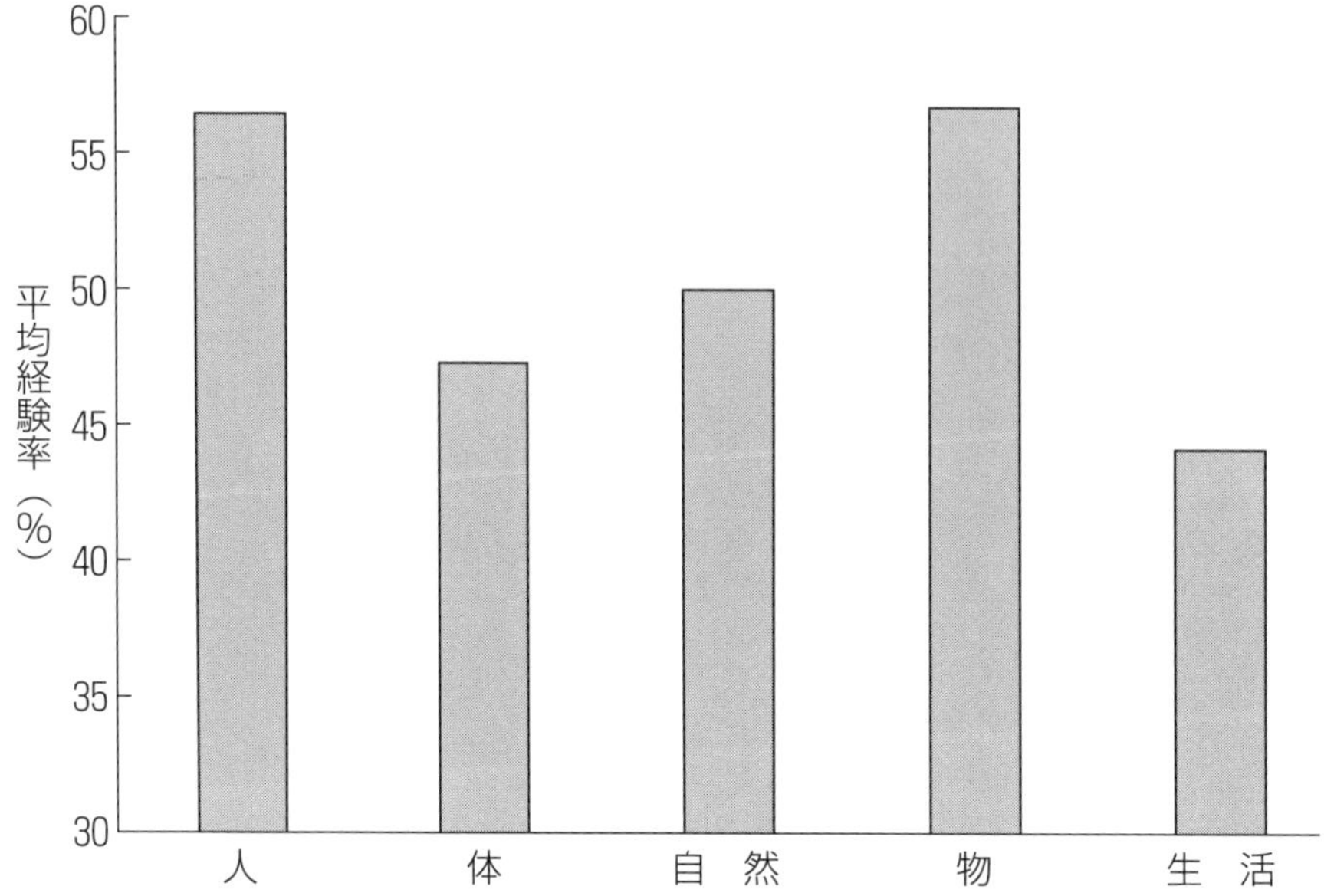

図 27　テーマ別遊びの経験率

を持っているから、容易に仲間関係ができ上がると考えることもできます。つまり、自分で遊びを選ぶ、友達と共通のイメージを持って一緒に遊ぶ、という点において、障害をもつ子どもの遊びの経験不足は大きなハンディになります。ですから子どもが経験したことのある遊びと、経験したことのない遊びについての情報は、私たち作業療法士が遊びを豊かに広げるための援助をする際に知っておかなければならない重要なポイントです。

五つの遊びのテーマ間における経験を比較すると、〝人と出会う遊び〟や〝物と出会う遊び〟に比べて〝体と出会う遊び〟〝自然と出会う遊び〟〝生活の中で出会う遊び〟の経験率が低く、障害をもつ子どもがより経験しやすい遊びと、経験することの難しい遊びがあることがわかりまず（図27）。そして、ステップA〝出会い〟の段階からステップB〝気づく・感じる〟、ステップC〝働きかける・チャレンジする〟に進むにしたがってこの傾向はさらに強くなるのです。

自分で遊びを選択して行うためには、幅広い遊び経験を持っていることが前提となります。調査の結果明らかになった障害をもつ子どもの遊び経験の偏りは、そのまま遊びの選択範囲の狭さを示すものです。私は子どもの遊び環境の中で「どうすればできるか」を考えて援助することで〝知らない遊び〟を〝知ってる遊び〟に変え、子どもが自分の意思で遊びを選択するチャンスを増やしていきたいと考えています。

遊びを発展させる過程が難しい

子どもの遊びは一つのところにとどまらず、次々と発展していきます。すべり台と

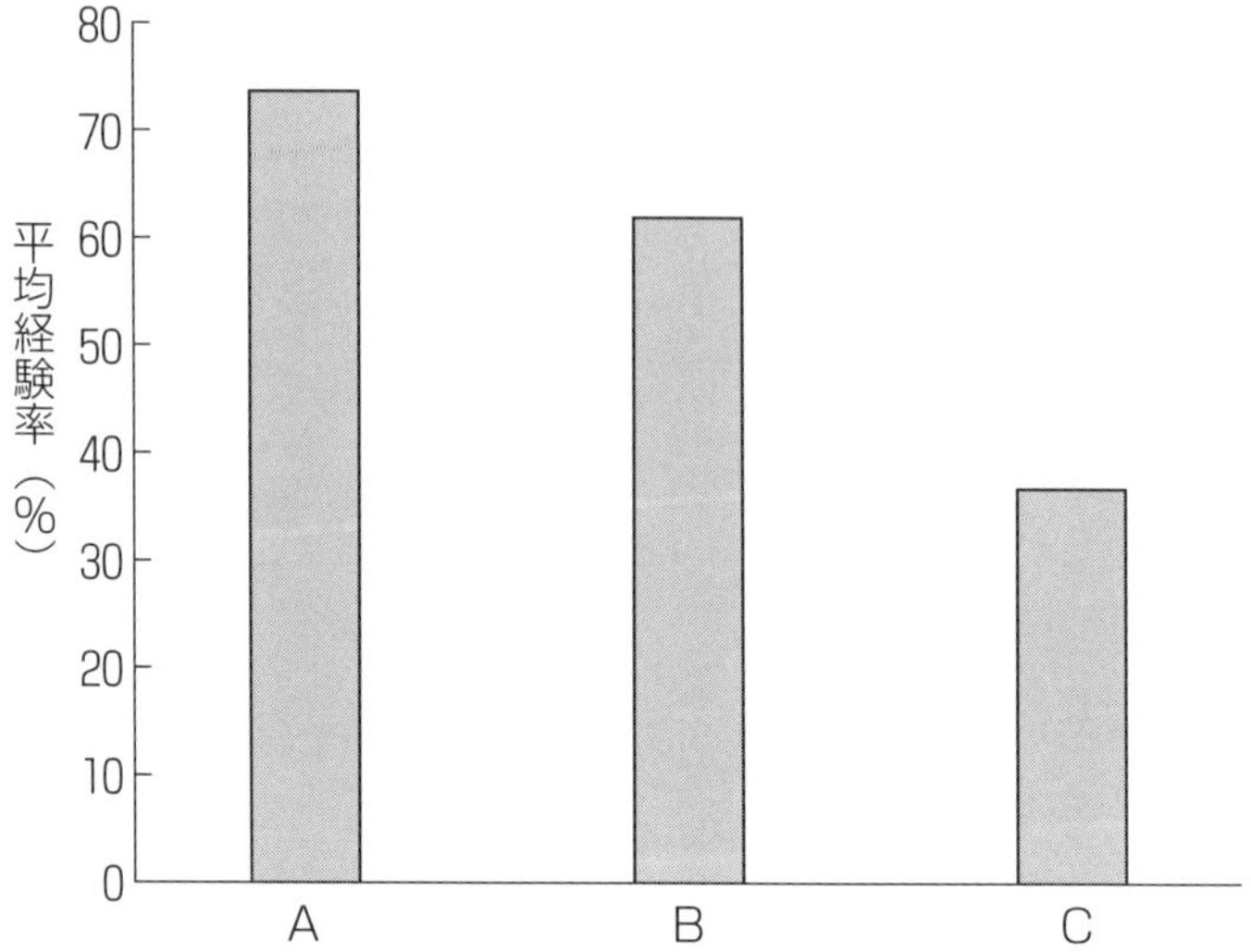

図 28　ステップ別遊びの経験率

いう固定された遊具での遊びの中でも、最初は座って恐る恐るすべっていた子どもが、手を離してすべったり、下から駈け上がったり、頭からすべったり、すべり台を使って鬼ごっこをしたり。子どもの遊びの場面では、同じことの繰り返しでは飽きたらず、次々と新しいことに挑戦していく姿を見ることができます。子どもの遊びの豊かさを評価する際には、このような遊びの広がり具合にも焦点を当てる必要があります。そこでアンケートの項目を、遊びの発展過程に沿って、ステップＡ〝出会う〟遊び、ステップＢ〝気づく・感じる〟遊び、ステップＣ〝働きかける・チャレンジする〟遊びの三つのグループに分けて、障害をもつ子どもの遊びのデータを整理してみました（図28）。

結果のグラフを見ると、障害をもつ子どもの〝遊びにくさ〟は、遊びそのものと〝出会う〟段階よりも、〝気づく・感じる〟〝働きかける・チャレンジする〟といった、遊びを発展させていく過程において難しさが大きくなると考えることができます。さらに、その遊びを発展させることが難しいという傾向をＡＤＬ機能別に見ると、ＡＤＬ機能が低い子どもに、より顕著に表われることがわかります（図29）。

具体的に探索散歩という遊び項目で見ると、ステップＡの段階では、ほぼ全員の子どもが経験しているにもかかわらず、散歩の過程で草花や動物、車などに気づくというステップＢの三項目について、「経験したことがある」子どもは、ＡＤＬ２群で八五％前後、ＡＤＬ１群で五五％前後に減ってしまいます。さらに、道端で見つけた石などを持って帰る、寄り道をするというステップＣの三項目の経験率を見ると、ＡＤＬ３の子どもの一〇〇％に対して、ＡＤＬ２では七五％前後に減り、ＡＤＬ１においては二五％前後の子どもしか経験できていないという結果になっています（図30）。

「道端で拾った石を大事に持って帰る」といったような、大人になってみると何の価値もないような光景が、私たちの記憶の中にはたくさんあります。それは、かつて

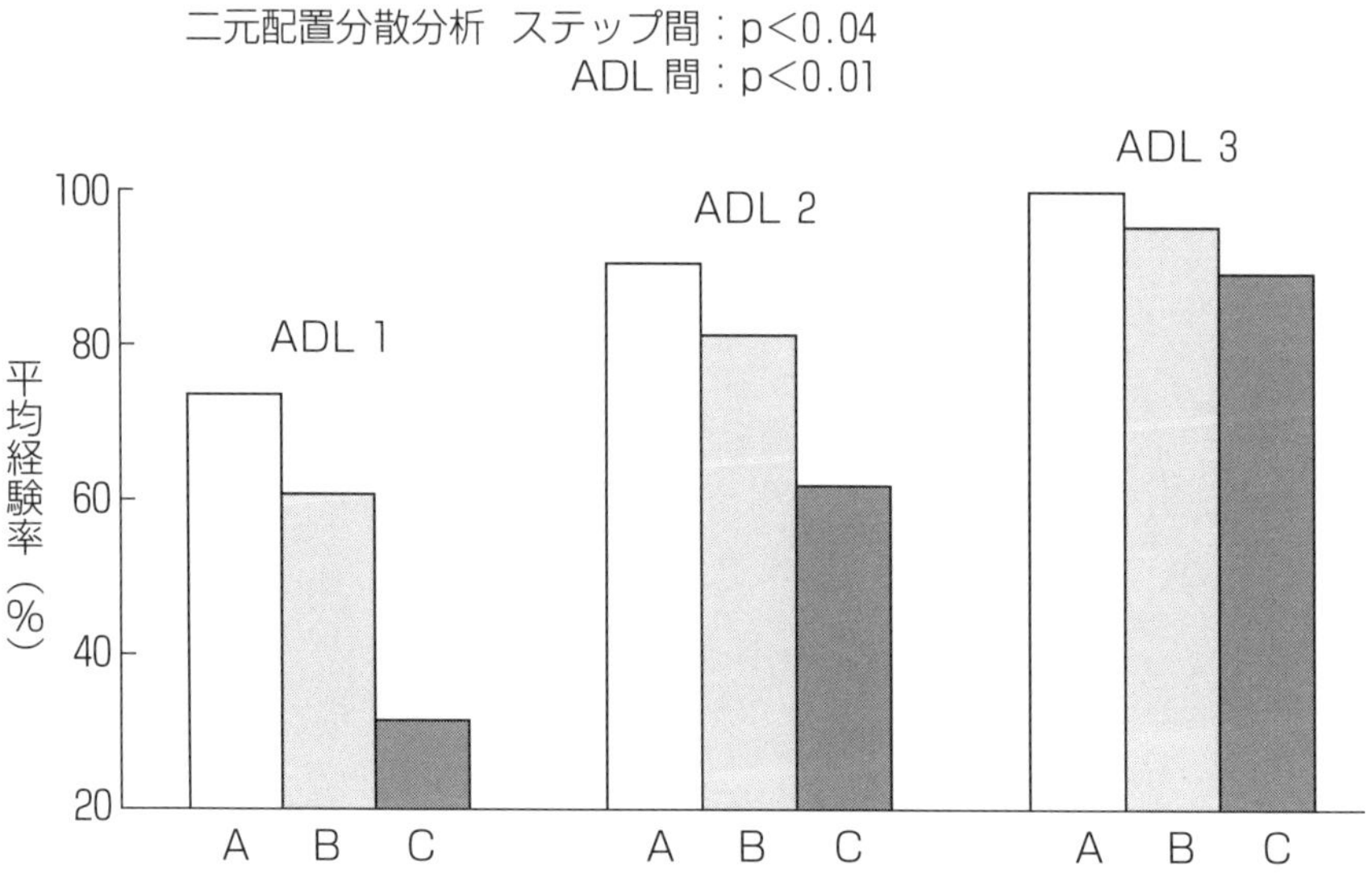

図 29　ADL 機能と遊びのステップ（3 歳児以上）

	ADL 3 経験率(%)	ADL 2 経験率(%)	ADL 1 経験率(%)
探索遊び	100.00	90.00	60.71
葉っぱや草花などを見つける	100.00	85.00	51.79
虫，鳥，犬，猫などを見つける	100.00	87.50	55.36
車，飛行機，電車などを見つける	100.00	82.50	57.14
石などを拾う	100.00	80.00	32.14
拾ったもの，ちぎったものを持って帰る	100.00	75.00	25.00
寄り道をする	100.00	72.50	23.21

図 30　探索遊びの経験率

子どもだった頃の私たちが、必ずと言っていいほど経験していることがらです。一見、何の意味もないような遊びと、それを経験できないという、障害をもつ子どもの〝遊びにくさ〟の問題にも私たちは注目し、適切に対応していかなければならないと思っています。

第三章
遊びを育てる

子どもの遊びとは、最初から形の決まったものであることは少なく、その時たままま出会った様々なものへの気づきから始まり、出会ったものとの相互の関わり合いの中で、子ども自らが広げていくものです。大人から見ればがらくたのように見える物が子どもにかかれば宝物になり、だんご虫や蟻などといった大人にとってはあまりありがたくないような虫でさえ、収集の対象になったりします。

すでに述べたように、子どもの遊びはその方法だけで成り立っているものではありません。遊び場、遊び集団、遊び時間、さらにその日の天気や気温などにも大きく影響を受けています。私たちは前の日に面白かった遊びを次の日に繰り返しても、同じ面白さを体験できなくてがっかりしたり、反対に、何度か繰り返しているうちに、面白さがわかってきたりした経験を持っています。子どもの遊びは、再現することのとても難しいものなのです。

このように、遊びとは偶然性、個別性の高いものですから、その一部の要素を取り出して訓練室で一律に同じ練習をしたとしても、遊びを育てるということにはなかなかつながりません。たとえば一枚の新聞を見て、破りたいという子どももいれば、折って兜《かぶと》を作りたいという子もいるでしょう。たとえ同じ子どもでも、紙をくしゃくしゃにしたい気分の時もあれば、大きく広げて遊びたい時もあります。つまり、子どもの遊び方の可能性は、たとえ同じ環境にあったとしても、いく通りも考えられるということになります。

では、子どもの遊びの場で、その時のその子どもの遊びに必要な援助することを求められた時に、作業療法士に何ができるのでしょう。作業療法士が関わることで、子どもの遊びがどのように変わり、どのような可能性が広がるのでしょうか。それは面倒でも実際に子どもの遊びに直接関わりながら、いろいろな場合の事例検討を積み重ねていくしか答えを出す方法はないように思います。

遊びを育てる集団作業療法

遊びの楽しさに気づく前に、気持ちが途切れてしまう子どもがいます。自分のしたいことが見つけられずキョロキョロしている子、抱っこでしか遊びに参加したことのない子、体がうまく使えず失敗体験ばかりを繰り返している子…。そんな子どもたちの遊びの場面に作業療法士が関わることで「面白そうだな」「やってみようかな」「できた」「楽しい」「もう一度やってみよう」というあたりまえの遊びの過程を実現させることができるのではないだろうか…。子どもの問題を、単に運動機能の障害や発達の遅れとせず〝遊びにくさの問題〟として捉える必要があるのではないだろうか…。これが私の集団作業療法の出発点です。

実際に子どもの生活に入り込んでみると、子どもがその時に置かれた環境において出会ったものと関わり合う行動が遊びであり、子どもの生活はその連続で成り立っているように見えます。だとすれば、子どもの遊びを豊かに育てるということは、その時々に変化する環境と子どもとの接点をいかに援助するかということを抜きにして考えることはできないように思われます。

そこで私は、障害をもつ子どもの〝遊びにくさの問題〟を、環境との出会いの問題、出会った環境との関わりの問題であると捉え、問題解決のためには、できるだけ子どもの日常の遊び場面に近い設定の中で関わるという方法をとりました。そして、どのように環境への気づきを援助するか、子どもはどのように環境との接点を作ることができるのか。どうすればその接点を持続させることができるのかを、子どもの遊びの流れの中で判断し援助するようにしました。

具体的には、四～六人の集団で、月三回、四五分間「遊びを育てる」ことを目的とした作業療法（集団作業療法）を行っています。一学期ごとにテーマを変え、年間を通して人と出会う遊び、自然と出会う遊び、物と出会う遊びなどを偏りなく経験できるように配慮し、一つのテーマは九回で終了するように計画しています（図31）。

環境設定の工夫

初夏、わかたけ園では、泥んこ遊びが始まります。土のさらさらの感触を楽しむ、容器に入れてプリンやケーキを作る遊びから園庭の土を掘り返して溝を作ったり、山を作ったり、上から水を流し入れてドロドロにしたり、泥んこの中を歩いたりといっ

	Ⅰ期 5～7月	Ⅱ期 10～12月	Ⅲ期 1～3月
さくら組	体と出会う遊び	物と出会う遊び	人と出会う遊び
たんぽぽ組	自然と出会う遊び	人と出会う遊び	物と出会う遊び
ひまわり組	自然と出会う遊び	物と出会う遊び	体と出会う遊び
ばら組	人と出会う遊び	体と出会う遊び	物と出会う遊び

図31　集団作業療法年間計画表（例）

た遊びまで、土遊びのバリエーションはとても豊富です。

二歳のゆうま君（発達遅滞）は、理学療法の場面では、つかまり立ちや伝い歩きができるようになっているのですが、土の上の遊び場面では、ペタンと土の上に座り込んだまま動こうとしません。周りにいる他の子どもの動きは気になっている様子なのですが、自分から動いて友達に関わりに行くということもしません。

訓練の場面でできることが、日常の生活の場面や遊びの場面で再現できないということがよくあります。本来は、行きたいところへ自分で行くことができるようになるための歩行訓練のはずです。しかし実際には、訓練の場面では足が動くのに、遊びの場面で足が動かないというような状況にしばしば出くわします。「どうすれば、ゆうま君の泥んこ遊びがより能動的なものになるだろうか？」と考え、まず、彼が座っている横に低い台を置き、台の上に土を盛ってみました。私は他の子どもたちがつかまり立ちをしているのを横目でじっと見ているゆうま君のお尻を軽く持ち上げて、彼が立ち上がりたくなるのを待ちました（図32）。

　彼の立ち上がりたいという気持ちに合わせて何度か立ち上がりを促した後、次に私がしたことは、彼の前に、つかまり立ちをするのにちょうどいい高さの山を作ることでした。そして、立ち上がりやすいくらいの低い台を山の片側に埋め込むようにセッ

図 32

図 33

図34

トし、ゆうま君にまたがり座りをさせてみました。大きな山を作ると、動くことのできる子どもたちは斜面を上り始めます（図33）。すると、その友達の動きにつられて、ゆうま君も目の前の斜面に手をついて、おもむろに台からお尻を上げました。

　遊びの中で「できた！」という自分の動きを確認した子どもは、どんどん「やってみたい」が膨らむかのように、自分で動きを広げていきます。ゆうま君の場合も自分で台から下りてトンネルの穴を覗きに行ったり、泥の中を保母と手をつないで歩く姿が見られるようになるまでに、それほど時間はかかりませんでした。

　遊びは、基本的には自発的な活動です。自分の持っている力を精一杯発揮しながら環境に働きかけ、試行錯誤を繰り返す活動です。そしてそれは、環境との相互作用の中で起こります。子どもが自分で決定したかのように見える動きでも、実は環境の持っている性質に自分の体を合わせることによって引き起こされた行動であることが多いのです。台があると立ち上がりたくなり、斜面があると上りたくなり、トンネルがあると覗きたくなります（図34）。もちろん、子ども自身が持ち合わせている機能によっても動きは変わってきますが、環境に働きかける力が弱いように見える子どもであっても、子どもの動き出したくなるような環境を用意することで、自発的な動きを引き出すことができます。そして子どもは、自分の持っている力を精一杯使って遊び、自分の力で遊びを広げながらステップアップしていきます。〝遊びの中で育つ〟というあたりまえの姿を、環境の持つ力を借りながら、援助していくことができるのです。

環境に馴染むということ

動くことの難しい子どもが、土遊びの経験をするための方法はたくさんあります。土の上で姿勢を保つためにはどうすればいいか、どうすれば手をうまく使うことができるか…。そのために、姿勢や動作を補助するための便利な器具（グッズ）を使うのも一つの有効な手段です。たとえば、発砲スチロールで汚れに強い素材の座椅子やテーブルを用意する、テーブルの高さを調節しその上に土を盛る、上に穴を掘ってお尻を埋め込む、といった具合です。うつ伏せの方が手が使いやすい子どもの場合には、シートを敷いて、三角マットを置き、うつ伏せで手元を見ながら遊ぶこともあります（図35）。

子どもの機能を考慮した道具を使うと、そのままではできなかったいろいろな経験ができます。見ること、手を出すこと、お友達とやり取りをすることなどを経験するために、道具を使って姿勢を安定させることはとても有効な手段だと思っています。ただ、ここで気をつけなければならないことは、子どもの動きを有効に引き出すために使った道具が、逆に子どもの動きを決定し、子どもの動きを制限するものになってしまう危険性を持っているということです。

四歳の由美ちゃん（精神運動発達遅滞）は、筋緊張が低く、手で支えてお座りを保持することがやっとの状態でした。最初私はいつものように、姿勢保持用の机を用意して、土や水を触りやすいように設定してみました。道具を用意することで、由美ちゃんはよい姿勢で、土や水に手を伸ばし上手に遊ぶことができていました。しかし、

図 35

お行儀よく遊ぶ由美ちゃんを見ながら、「これでは、部屋での遊びと変わらないのではないか？」と疑問に感じたのです。

子どもは、すぐにしゃがみこんで、土いじりを始めます。集めて、運んで、穴を掘って、絵を描いて…。子どもは、大人よりもずっと土に近いところにいます。泥んこ遊びは、そんな子どもの土と水との遊びです。土と水という環境に馴染みながら子どもたちはドロドロになって遊びます。

由美ちゃんにとって、土はどんなふうに映っているのだろうか。はたして土を体で感じているだろうか？　そう思った私は、思いきって机をはずし全面的に体を支え土を触らせた後、介助しながら手を大きく動かして、土をまき散らすような遊びを行ってみました。

最初状況の変化に戸惑いの表情を見せていた由美ちゃんでしたが、何度か繰り返しているうちに笑顔が見られるようになってきます。設定された机の上ではなく、あるがままの土への気づきを確認することができたら、次に土の上にまたがって座ったり、泥水の溜まった水たまりの縁に座ったりして、足元からも十分に土を感じることができるような工夫をしてみました。

時間が経つにつれて、由美ちゃんの介助されている手の動きに力が入りだし、土の上で体を支えようとふんばる様子が見られ始めました。土に馴染んで、土遊びを体で楽しめるようになってきたと同時に、由美ちゃんは介助なしで一人で土の上に座って手を使うことができるようになったのです（図36）。

土とはどんなものだろうか、どうやったら土と仲良くなれるか。というように、土

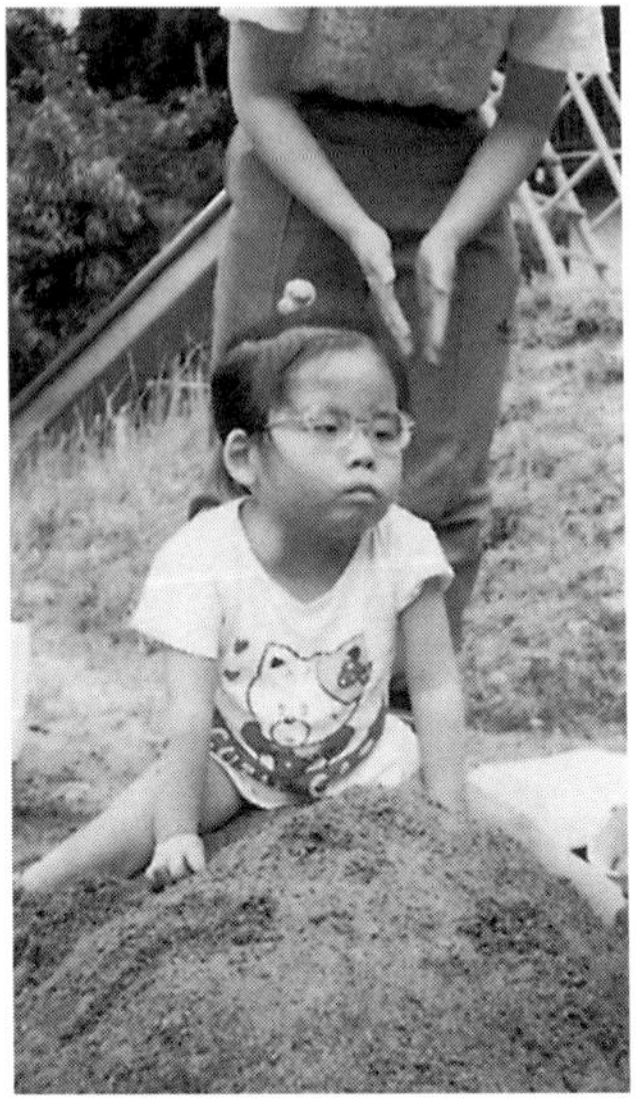

図36

という環境の側から遊びを考えてみること。子どもの遊びが環境との相互作用で成り立っているとしたら、そこから関わり方をスタートしてみることも大切なのではないでしょうか。

姿勢の段階づけ（グッズの工夫）

障害の重い子どもと一緒に遊ぶ時、介助者が後ろから体を支えて関わることが多くなります。ともに同じものを見て共有する関係が持てている場合は問題はありません。しかし後ろから関わる時に問題となるのは、子どもの表情が見えないために、同じものを同じように見ているように錯覚してしまう場合です。特に体が大きくなると、後ろから子どもの表情を確認することはとても難しいので、介助者の意思で子どもの見る方向を決め、手を動かして、子どもの思いとはかけ離れた行動をさせてしまっていることがよくあります。

　三歳のしゅうちゃん（脳性麻痺・アテトーゼ型）は、手を上げたり伸ばしたり、軽く握ったり離したりという動きはできるのですが、反り返りが強く姿勢が安定しないため、泥んこ遊びではほとんどの場面で介助者が彼の手を動かして遊ばせていました。彼も介助者に動かしてもらうことに安心していて、あえて自分から手を動かそうともしません。ぼんやりとしていることも多く「遊びに気持ちが向きにくい子ども」という印象でした。このような状況のしゅうちゃんを見て、私は「自発的な動きで泥んこ遊びを楽しんでほしい」と思い、介助者の介助をできるだけ減らし、子ども自身の動きを生かせるような道具の工夫を始めました。

　まず、またがり座りのできる長椅子を山につきさし、胸あてとフレキシブルなローラー（図37）を組み合わせて、直接体に触れなくても動きをコントロールできるようにしながら自分で目の前の土に手を伸ばす動きが出てくるのを待ちました（図38）。介助量が減って、子どもが自分の手の動きを目の前で確認でさると。介助者からの声かけは、自然に子どもの意思を確認するようなものに変わってきます。自分で遊びを決定し始めると、しゅうちゃんの泥んこ遊びに対する興味の持続性は増し、自発的な行動も盛んに見られるようになってきました。と同時に、その活動を続けるために姿勢を立て直そうという動きが見られるようなり（図39）、姿勢保持用の道具をはずしても、わずかな介助で座位を保持することができるようになったのです（図40）。

　遊びへの子どもの気持ちが持続しないとか、遊びが深まらないなど、保育の現場でよく言われることがらは、子どもの問題だけではなく、実は介助者がさせようとして

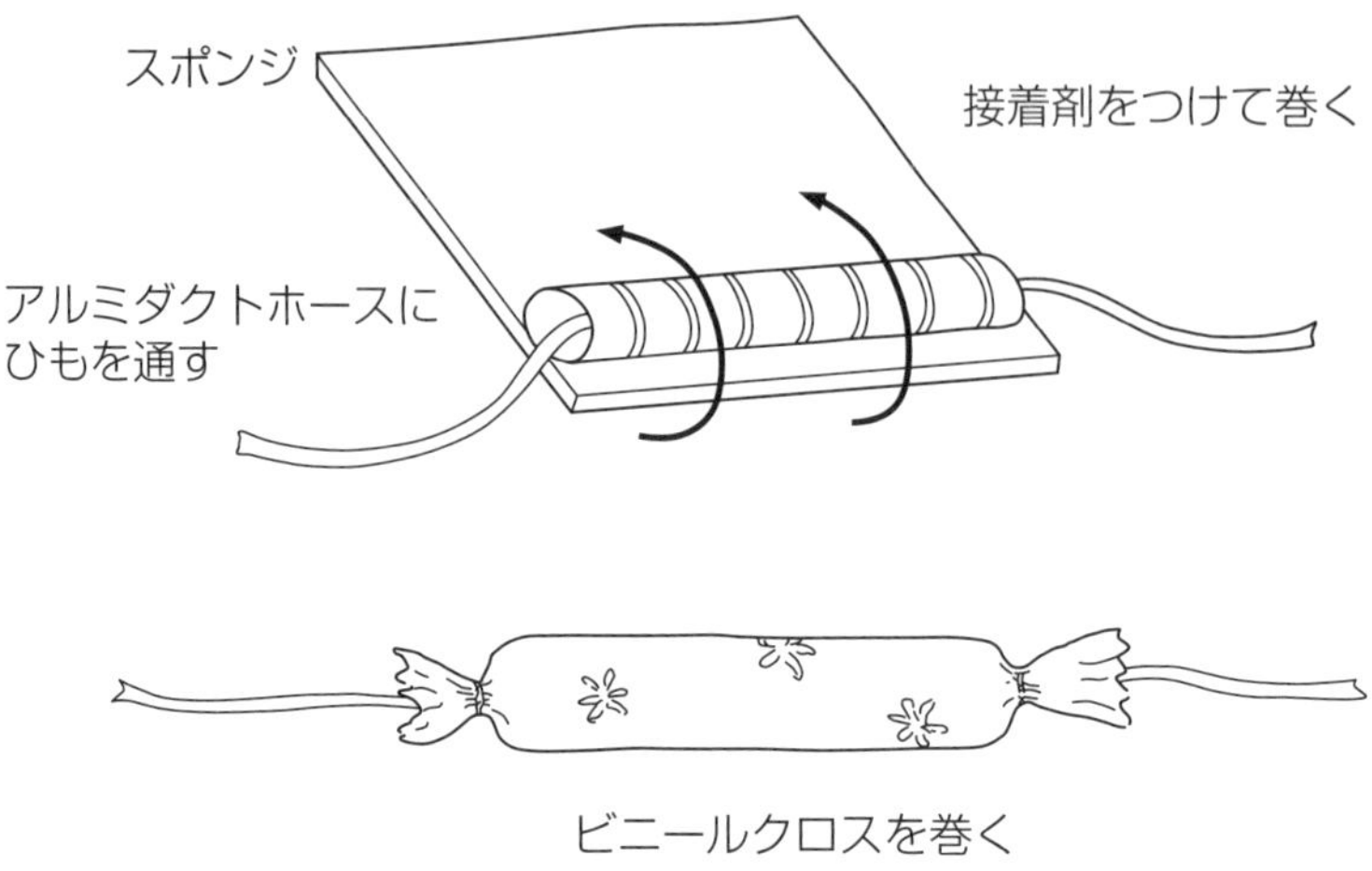

図 37　フレキシブルなローラーの作り方

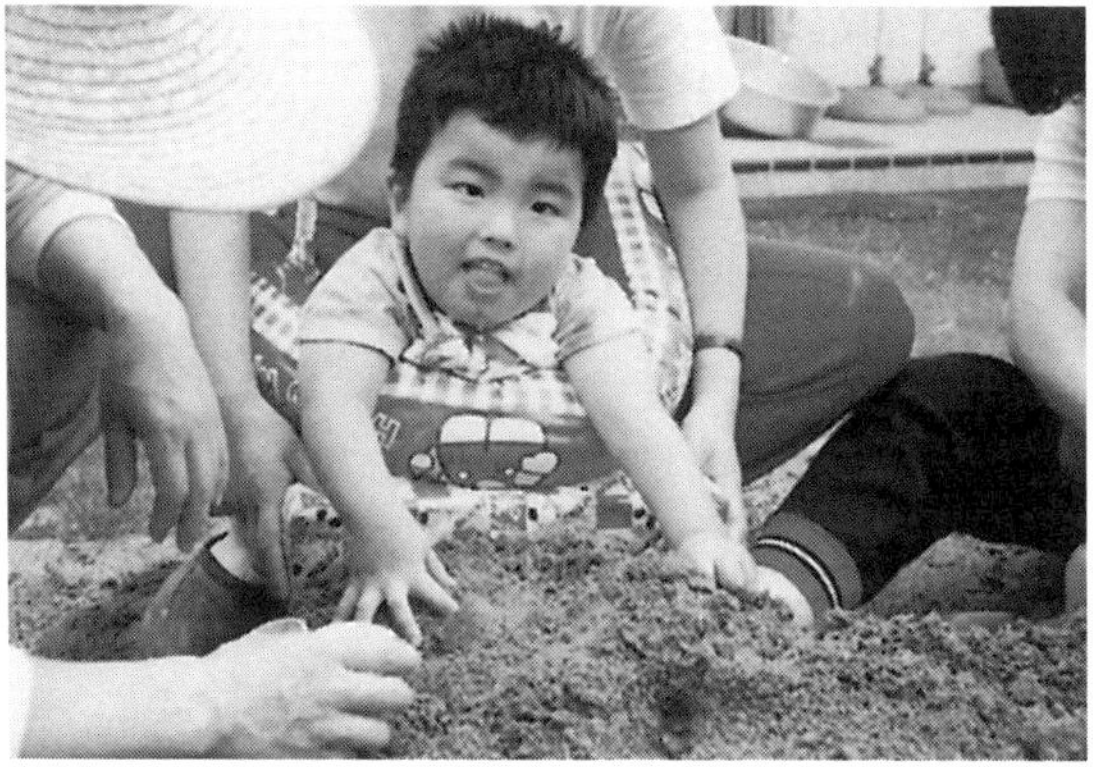
図 38

いる行動と、子どもがしたいと思っている行動とのくい違いが原因になっていること
も多いようです。特に遊びの広がりにくい子どもに対しては、子どもの反応を見るこ
とのできる位置で、子どもが今何を見て、何を感じているのかを介助者がともに感じ
たうえで関わることが必要です。そのために、できるだけ物理的な介助の負担を減ら
し、介助者が子どもの反応に目を向けることができるように援助しなければならない
と考えています。

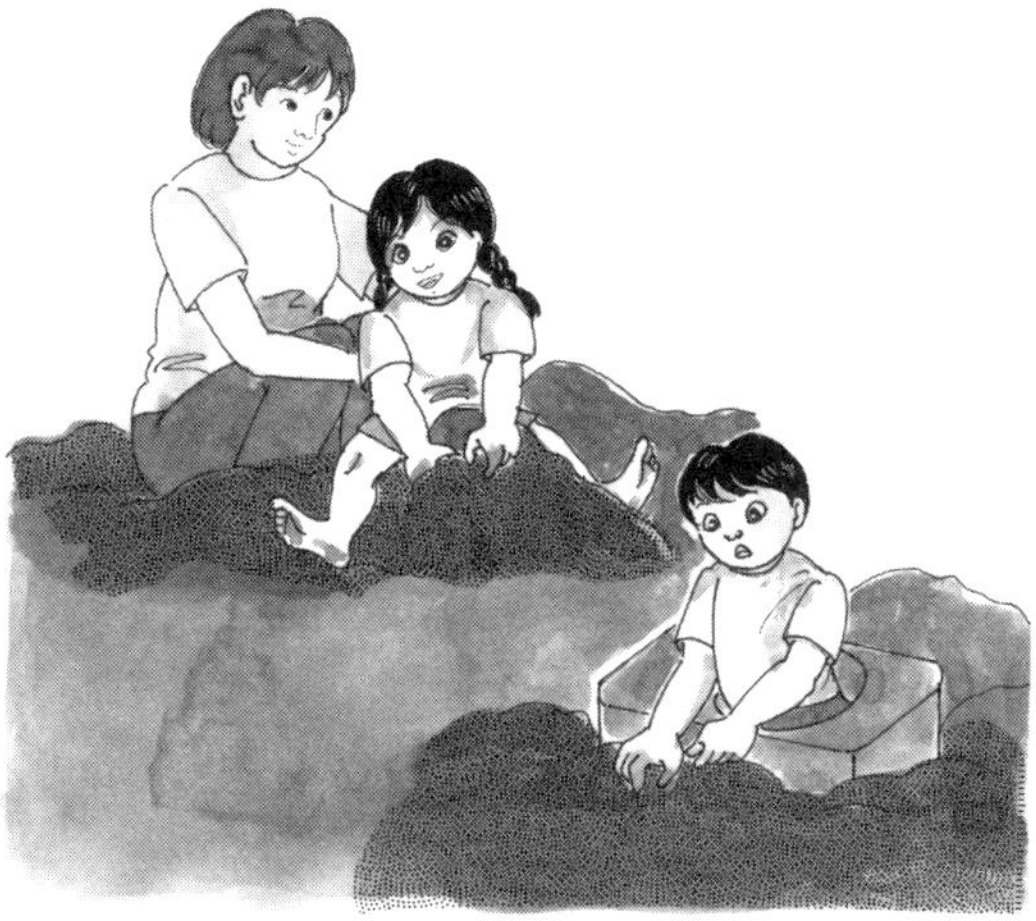

図 39

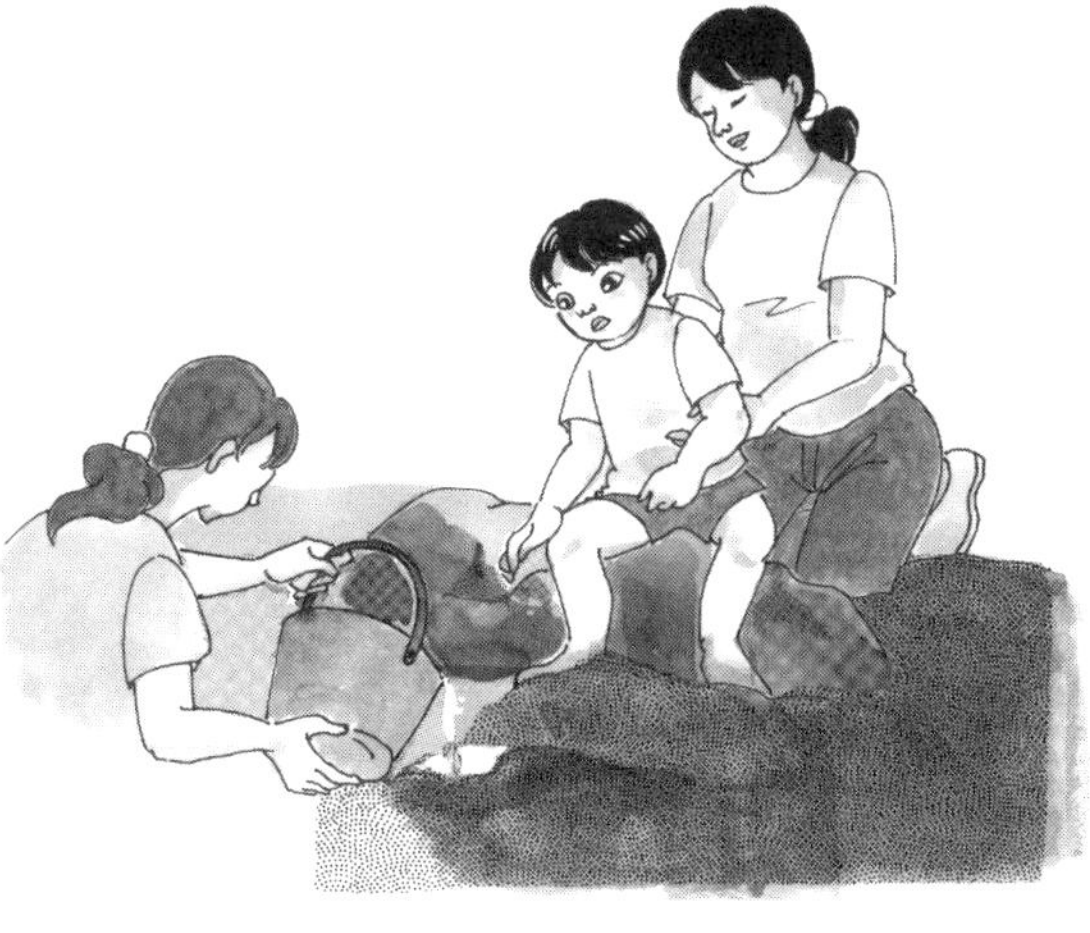

図 40

活動の段階づけ

二歳のあいかちゃん（ダウン症）は、前の年プール遊びが怖くて、水の中で動くことができませんでした。あいかちゃんがプールの水の中で自由に動けるようにするためにはどうすればいいか、それがその年の春の課題でした。

私たちの生活の中には、様々な水があります。流れる水、溜まっている水、ホースや蛇口から出る水、器に入った水、空から降る水…。子どもの頃私は、雨の日に長靴を履いて傘をさして歩くのが好きでした。樋の隙間から水がポタポタ落ちているのを見つけると、傘をかざしてポタポタと手に伝わる音を確かめたり、わざと水たまりの中をピチャピチャ歩いたり、葉っぱに溜まっている水滴を転がして遊んだりもしました。夏の水遊びと言えばプール遊びですが、そこに至る前に、もっと身近な所で、子どもたちは水に気づき、水の遊びを楽しんでいるのです。そこで私は、彼女の知っている水から導入し、できるだけ自然な経過の中で、気がついたら水の中に入っていたというように活動の段階づけを行いました。

まずは、キュウリとトマトの苗を植え、そこにジョウロで水をまくことから始めました（図41）。ジョウロに水を入れたりまいたりするのに慣れてくると、今度はホースを持たせ、ダイナミックに水をまくことを促します。次に野菜や草花に向けていたホースの先をそのまま反対側にある土山に向け、泥んこ遊びへとつなげていきました（図42）。ずいぶんと水を扱うことに慣れてきたあいかちゃんは、ついに自分で土山の上に上り、上から水をまき始めました。土の上から流れ落ちる水で、山の下には泥水の池ができました。他の子どもと一緒にあいかちゃんをタイミングよく誘うと。ご機嫌で泥の池の中でショウロを使って遊び始めました（図43）。すっかり水の中で過ごすことに慣れた様子を確認して、ようやくプール遊びへと導入です。もちろん最初は泥の池と同じくらいの浅いところからスタートで、プールの中に使い慣れたジョウロやスコップなどを入れました。すると、さっそくジョウロで水を汲んだりまいたりして、プールの中で安心して遊び出すことができたのです（図44）。キュウリとトマト

図 41

図 42

図 43

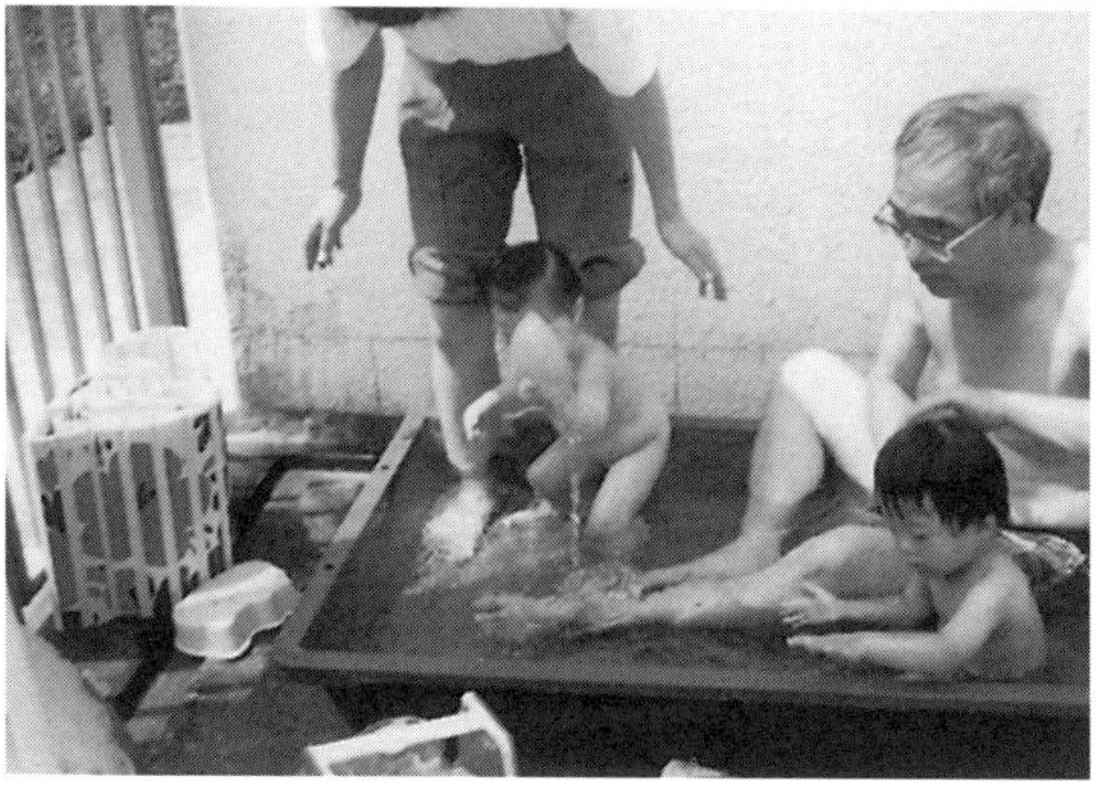

図 44

を植えた時から七回め。季節は春から夏に変わっていました。

障害をもつ子どもの遊び経験の偏り、楽しいと感じることのできる遊びの幅の狭さの背景には、身近な遊びの経験がないまま、いきなりイベント的な遊びに導入されることが多いということが考えられます。

誰にでも好きな遊びと苦手な遊びがあります。しかし、苦手だと思い込んでいる遊びでも、受け入れることのできる範囲の活動から導入し、段階づけて経験させてあげることで、好きな遊びになることもあります。なぜ苦手なのか、どうしたら楽しめるようになるのかを、子どもの機能だけでなく、遊び環境や遊び経験、遊びの特徴をも含めて評価し適切な指導を行うことで、子どもたちの遊びの幅は、うんと広がると考えています。

活動のプロセスを丁寧に援助する

すべての行為には文脈があります。お風呂に入るために服を脱ぐ、お散歩に行くために靴を履く、買い物に行く時には鞄の中に財布を入れる、といった具合に、必ず、目的とする行為の前にその準備としての行為があります。言葉による見通しの持ちにくい子どもでも、お母さんがエプロンをはずし身支度を整えると、出かけることを期待して喜んだり、逆に早く出かけたいときは鞄を持って玄関へ出て待っていたりすることがあります。前の行為が次の行為への流れを作ります。そして、その文脈を体験することによって、子どもの動き出す原動力となる〝見通し〟や〝期待〟が育ちます。見通しを持って期待しながら作業に参加し、試行錯誤しながら遊びを組み立て、「できた」という満足感とともに自分で遊びを締めくくる。子どもの遊びが、その文脈全体をさすものであるとすれば、遊びを援助するためには、ただ単にメインの遊びのみを成功させることを狙うのではなく、その流れ全体にまで目を向ける必要があります。

たとえば、小麦粉粘土はスモックを着るところから始まります。スモックを着て、椅子に座り、袋から小麦粉を出し、塩、油、食紅を入れて粉を混ぜ、水を入れてこねる。最初は一つ一つの動作に時間がかかり、なかなか遊びを発展させるところまで行

図45

き着かないのですが、回を重ねるごとに、準備の時間は短縮されていきます。つまり同じ行動でも、子どもの中で「スモックを着る」という単一の行動であったものが、「小麦粉粘土をするためにスモックを着る」と認識されることによって、全体の行動の流れの中に組み込まれ、見通しが時間の短縮を引き起こすのです。私たち作業療法士は、着衣という単一の行為のみを取り出して治療的に関わることが多くありますが、一般に子どもが動作を獲得する背景には、このような一連の行為の文脈があることも知っておく必要があるように思います。

小麦粉と粘土の遊びに限って見ても、四五分の中でのそれぞれの行為にかける時間の配分が回を追うごとに変わってきます。初めのうちは粉遊びに時間をかけていたのが、だんだんと粘土遊び中心に変化していき、粘土を扱うことに慣れてきたら今度はままごと遊びの世界に入っていきます（図45）。さらさらの粉—粉と水—粘土—ままごと、という一連の行為を常に意識しながら、その文脈を子どもに気づかせていくことが、子どもの遊びを発展させることにつながる——ここにも作業療法の可能性があると考えています。

もちろん一つ一つの行為を成功させることの重要性は言うまでもありません。そして、その成功させる方法は一つではなくそれぞれの子どもによって違います。「粉に気づく」というほんの一部の活動でさえ。視覚的に気づく子どももいれば、触って初めて粉に気づく子どももいます。粉を混ぜる行為も、机の上で広げて楽しむ子どももいますし、器の中に入れてあげた方が行動がまとまりやすい場合もあります。目の前の子どもが、粉なら粉という素材を一番受け止めやすい方法で提示してあげることが成功感につながり、次の行為への流れを作ります。

小麦粉粘土遊びの最後は、お片付けです（図46）「面白かったね」「またしようね」を共感しながら、使ったものを洗う作業も、はずすことのできない大切な行為の一つ

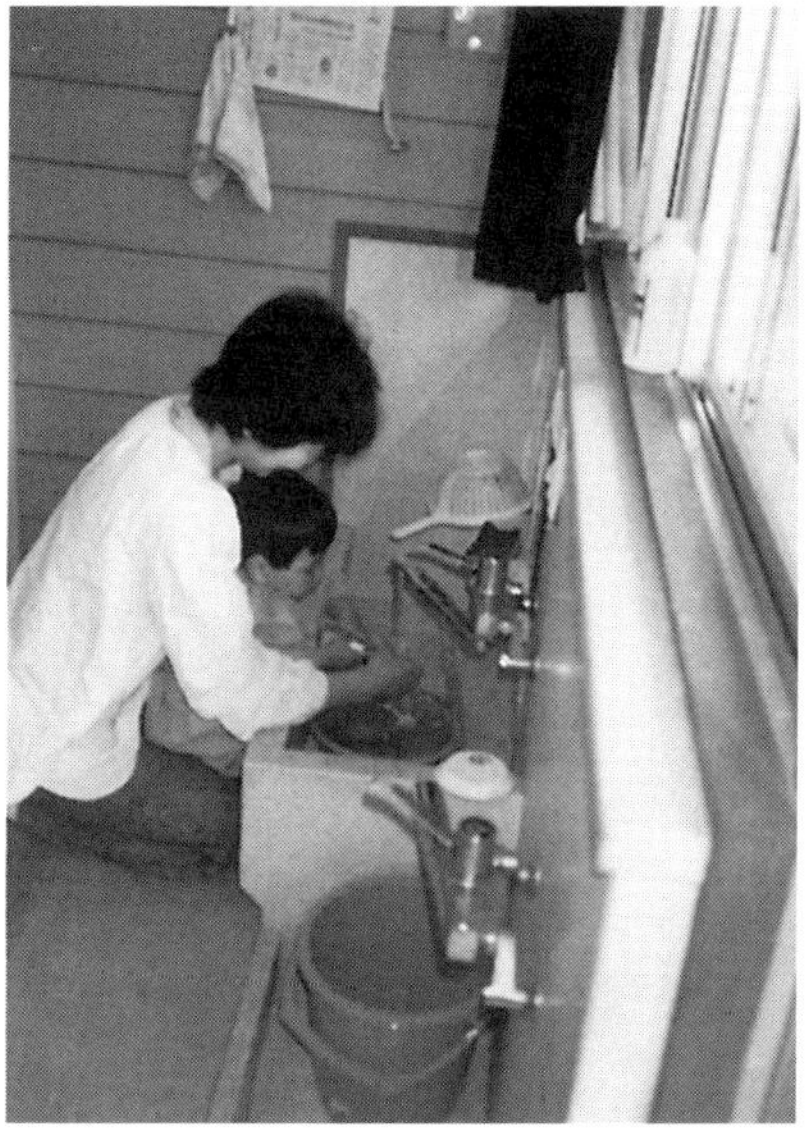

図 46

です。なぜなら、遊びを締めくくることが、「もう一度してみよう」という次への期待を生むからです。最初から最後までその遊びの中にある行為の一つ一つを丁寧に確実に体験させてあげることができれば、行為の文脈を作ることができます。そして文脈は、自然に子どもの適切な行動を引き起こしてくれます。うまく文脈を作ることで、セラピストの力ではどうにもならない、子ども自身が自ら遊びを広げる力を育てることができるのです。

活動の分析

発達年齢という指標があります。子どもの発達年齢、つまり身体機能や手指の発達、言葉や社会性の発達がどのくらい達成されているかということで、子どもの生活を豊かに広げるために使う指標です。しかし捉え方を間違うと、子どもの遊びの制限につながる場合があります。発達年齢が一歳未満であるからといって、いつまでも乳児期の遊びしかできないという判断は大きな間違いです。発達年齢が一歳だから〇〇しかできない、と考えるのではなく、一歳ならこんなことができる、というように考えます。そして、その持ち合わせている機能をどう使えばできるかを考えるのが私たちの役割です。

どうすればできるかを考えるために、経験させたい活動がどういうものなのかを分析するという方法が役に立ちます。たとえば、かくれんぼ遊びは大きくわけると「かくれる」「さがす」「見つける」「見つかる」という四つの活動から成り立っています。そしてさらにそれぞれの活動は図47に示すような細かい項目に分けることができます。

遊びの要素		しゅうちゃん		てっちゃん	
		初期評価	最終評価	初期評価	最終評価
かくれる	他動的にかくされる	○	○	○	○
	自発的にかくれる	×	○	△	○
	かくれる場所を選択	×	△	△	○
	かくれた状態を保つ	×	○	△	○
	期待してかくれる　短	×	○	△	○
	長	×	○	×	○
	かくれた場所での探索	×	○	○	○
さがす	状況の理解	×	○	△	○
	視覚的気づき	△	○	○	○
	視覚的にさがす	×	△	△	○
	聴覚的気づき	△	○	○	○
	聴覚的にさがす	×	△	△	○
	経験をもとにさがす	×	△	△	○
	さがす行動 1 場面	×	○	△	○
	さがす行動 2 場面以上	×	×	×	○
見つかる	変化に気づく　聴覚	△	○	○	○
	変化に気づく　視覚	△	○	○	○
	見つけた人との共感	△	○	×	○
見つける	変化に気づく	○	○	○	○
	予測に対する確認	×	○	△	○
	見つかった人との共感	○	○	×	△

図 47　活動分析表（かくれんぼ）

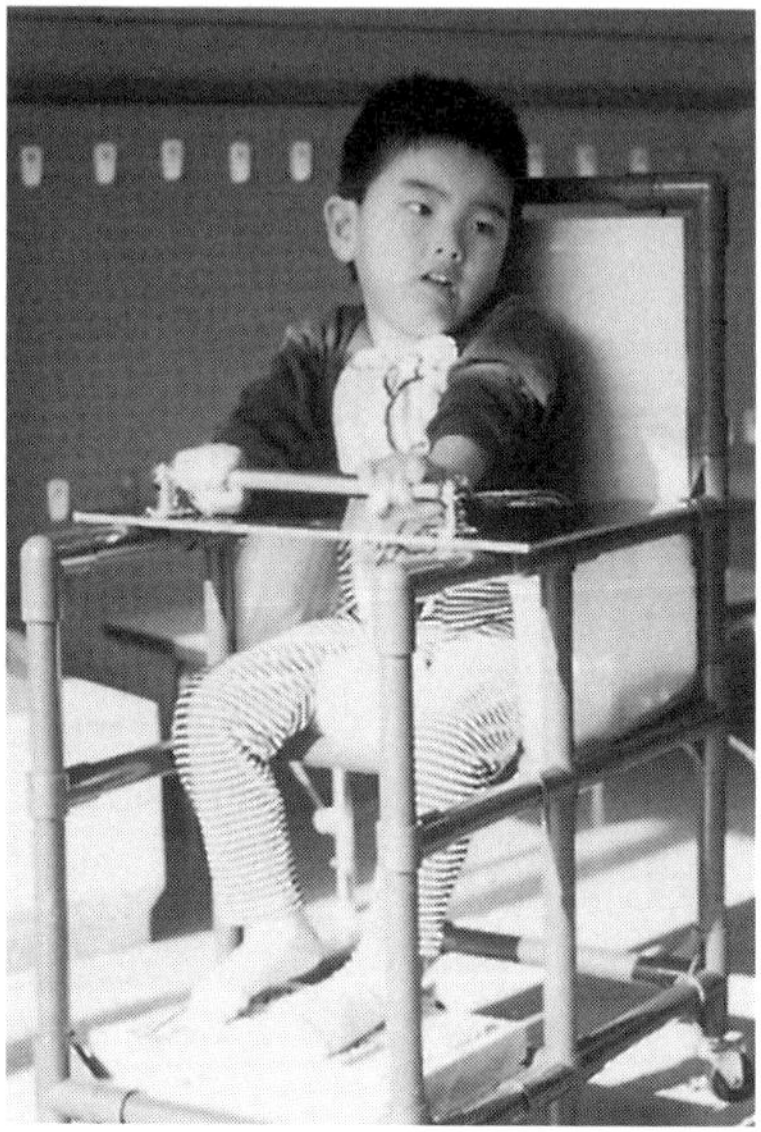

図 48

一般にかくれんぼという遊びは、ある程度のルールの理解ができるようになった年長の子どもたちが集団で行う遊びだと考えられています。しかし細かく分析してみると、乳児期の子どもでも十分楽しめるいないいないばぁのような要素がたくさん含まれていることがわかります。

わかたけ園に通う子どもたちの発達年齢は様々です。まったく動くことのできない子どもから走り回る子どもまで運動機能もそれぞれ違います。このような子どもたちの集団で、かくれんぼ遊びをするためには、実際の遊びの場面で、それぞれの子どものかくれんぼ遊びの難しさと、どうすれば楽しむことができるようになるかを他児との関係も含めて評価しなければなりません。

四歳のしゅうちゃん（脳性麻痺・アテトーゼ型）は、自分ではほとんど動くことができず、発達検査では乳児期後半の発達と評価されています。最初にかくれんぼ遊びをした時のしゅうちゃんは、介助者に抱っこしてもらっていて、「かくれる」「さがす」という行動の決定は、すべて介助者が行っていました。そして、暗いところや狭いところに連れていくと、不安で反り返りの緊張を強めてしまう状態でした。その時のしゅうちゃんの遊びの状況を評価表を使って表わすと、図47に示すとおりです。

評価表の×印の理由の一つは、自分で姿勢を保つことが難しいことによる経験不足、もう一つは自分で動くことが難しく全介助のまま遊びが流れてしまっていることだと考えました。そこで私は、キャスターのついた専用の椅子を作り、介助者が抱っこしなくてもすむ状況を作りました（図48）。しゅうちゃんには、見ること、聞くことで状況を判断し、移動の方向を自分で決めることを促しました。そして自分の決めた場所で、一人でじっとしている体験をさせるようにしました。

約二カ月間で五回程度の指導でしたが、図に示したように。しゅうちゃんは、かくれんぼ遊びのほとんどの部分を楽しんで参加できるようになりました。

同じく四歳のてっちゃん（脳性麻痺・痙直型片麻痺）は、走り回ることが大好きで、じっとしていることが苦手な男の子です。発達検査では二歳後半という評価でした。てっちゃんのかくれんぼ遊びの中での問題は、一通りの行動の理解はできているにもかかわらず、持続性が低く、行動の途中でも走り回ったり、別の遊具で遊び始めたりしてしまうということでした。評価表をつけてみると一つ一つの行動が不安定なので、△印が多くなっています。さらに、「見つかる」「見つける」という行程での共感関係の項目が×になっており、かくれんぼ遊びの最も楽しい「見つかる」「見つける」と

図49

いう部分を体験できていないということがわかりました（図47）。そして、そのことを確実に体験することが遊びの持続につながると考え、彼の行動目標としました。

見つかった時の感動は、見つかるまでかくれていることができなければ起こりようがありません。そこで、てっちゃんが一人でかくれ続けるために、穴のおいた大きな段ボール箱を用意しました（図49）。自分の置かれている状況の理解の難しさが、彼がかくれ続けることができない原因になっているとすれば、さがしている人を視覚的に確認できれば、見つかることを期待してじっとしていることができるのではないかと考えたからです。このような配慮を経て、てっちゃんは、「見ぃつけた！」を楽しむことができるようになり、図47に示したようにその他の行動も安定して楽しむことができるようになりました。

楽しい遊びがあって、子どもがいても、実際には楽しめないということがよくあります。遊べないということを、私は子どもの問題や、遊びの問題として捉えず、子どもと遊びの関わりの持ち方に問題があると考えています。そしてその関わりの難しさは、子ども一人一人違っています。活動を細かく分けて、それぞれの子どもの難しさを正しく理解し、楽しさの手がかりを適切に援助してあげることで、「できない」と思っていたことが「できる」ようになります。それは、しゅうちゃんとてっちゃんのように、まったくタイプの違った障害をもつ子どものいる集団でも可能なのです。逆に、動けない子どもは動き回る子どもを見て動きたいと思い、動きの多い子どもは、動けない子どもに気づき、合わせようとすることで、待つことを覚える場合もあります。

発達段階が違っても、同じ集団でそれぞれの子どもが自分なりの精一杯を楽しみ、お互いに影響を与えながら育ち合う。活動を分析することから始まる私たちの関わりは、子ども集団に様々な可能性をもたらすものです。

遊びのバリエーションを増やす

道は、その上を移動するためのものであり、どこかへ続くものです。大人になった私たちはそれがあたりまえのように思っていますが、子どもの頃のことを思い出すと、道はそれそのものが遊びの材料でした。子どもの頃の私にとって道は、ろう石で絵を描くカンバスであり、かかしを描いてケンパをする場でした。同じように、垣根には垣根の、塀には塀の、溝には溝の、マンホールにはマンホールの遊びがありました。

三歳のみくちゃん（脳性麻痺・痙直型両麻痺）は足の緊張が強く、理学療法の訓練では、歩行器を使って歩くことを練習しています。ですから集団作業療法で散歩に出る時に「歩行器でお外に行ってみない？」と誘ってみました。わかたけ園の前の道はなだらかな坂道です。私は、道に転がっていた空缶をみくちゃんの足下に置いてみました。すると、坂道に置かれた空缶は、みくちゃんの蹴るという動作を引き起こし、坂道をカンカラカンと転がる空缶は、追いかけるという行動を引き起こしました。横にいた私は、坂道と空缶によって引き起こされた彼女の行動がうまく達成感につながるように、必要な部分だけ体のコントロールをしてあげました。「面白い！」に気づいた子どもは何度も何度も繰り返します。繰り返すうちに、坂道で自分で姿勢をコントロールすることを、みくちゃんは覚えていきました。

いっぱいはしゃいだ後、今度はみくちゃんを塀のところに誘いました。向かいの家の塀には排水のための穴があいています。塀の穴と空缶とみくちゃんで。今度は空缶を穴に突っ込む遊びが始まりました（図50）。塀の穴に空缶を突っ込むためには、立ったまま両手を離さなくてはなりません。私は、彼女の腰のあたりを軽く支えて、立ち続けることを助けました。門についているライオンの顔（図51）、車庫の上のミラー、溝など、面白そうだなと思った所へ誘ってみることと、面白さに気づき、面白さが持続するために最低限必要なだけの援助をすること、一緒に「面白いね！」を共感すること、どの場面においても私が行ったことはこの三つです。

溝は、みくちゃんに入りたいという気持ちを引き起こしました。「お風呂にはいってるの」と言いながら葉っぱを頭の上に乗せて遊ぶ彼女を見ていると、子どもの環境との関わりの豊かさにあらためて気づかされます。「お風呂から上がろう」と言って、今まで上ったことのないような深さの溝から自分で這い上がってきたみくちゃんの笑顔を見て、環境自体が持っている子どもの動きを引き出す力の素晴しさに気づき、限

図 51

図 50

図 52

られた空間での機能訓練の限界を感じずにはいられませんでした（図52）。

道端には、子どもが立ち止まり、動き出す情報がいっぱいあります。しかしその同じ情報でも、大人の動きは引き出されません。一定の体の大きさや、一定の動きを持つ子どもにとって意味のある情報なのです。つまり、子どもが成長していく過程の中で、その時期の子どもでしか、体験できない遊びがたくさんあるということです。ですから、子どもの遊びを育てるためには、まずセラピスト自身が、子どもにとって有効な環境の持つ情報を、子どもの動きを注意深く観察することによって敏感に感じ取ることが必要になります。そして、子どもが情報に気づき、感じ、働きかけることを、タイムリーに的確に援助することができれば、子どもの遊びの世界を広げることができるのです。

素材の段階づけ

子どもに経験させたい活動がうまくいかない時、「段階づけ」も役立つ方法の一つです。「段階づけ」とは、活動を分析し、子どものできるところからスタートし、少しずつステップアップしていくことによって機能の獲得を図る方法です。

わかたけ園の四、五歳児集団の定番の活動に、陶芸活動があります。吹田市では、多くの保育園で、卒園製作として土粘土で作品を作り、近くの障害者作業所で焼いてもらっています。それならわかたけ園の子どもたちだって、ということで始めた陶芸ですが、日常生活の中で長時間椅子に座ることのない重い障害をもつ子どもに、最初から陶芸用の土を与えても扱うことはできません。椅子に座って机の上の土を介助してもらいながらでも手で扱い、自分の作品を作るという機能目標を立て、これを三カ月の期間で到達させるために、私は素材を段階づけるという方法をとりました。

一番最初に行ったことは、天井からトイレットペーパーを吊し、引っぱり出す作業

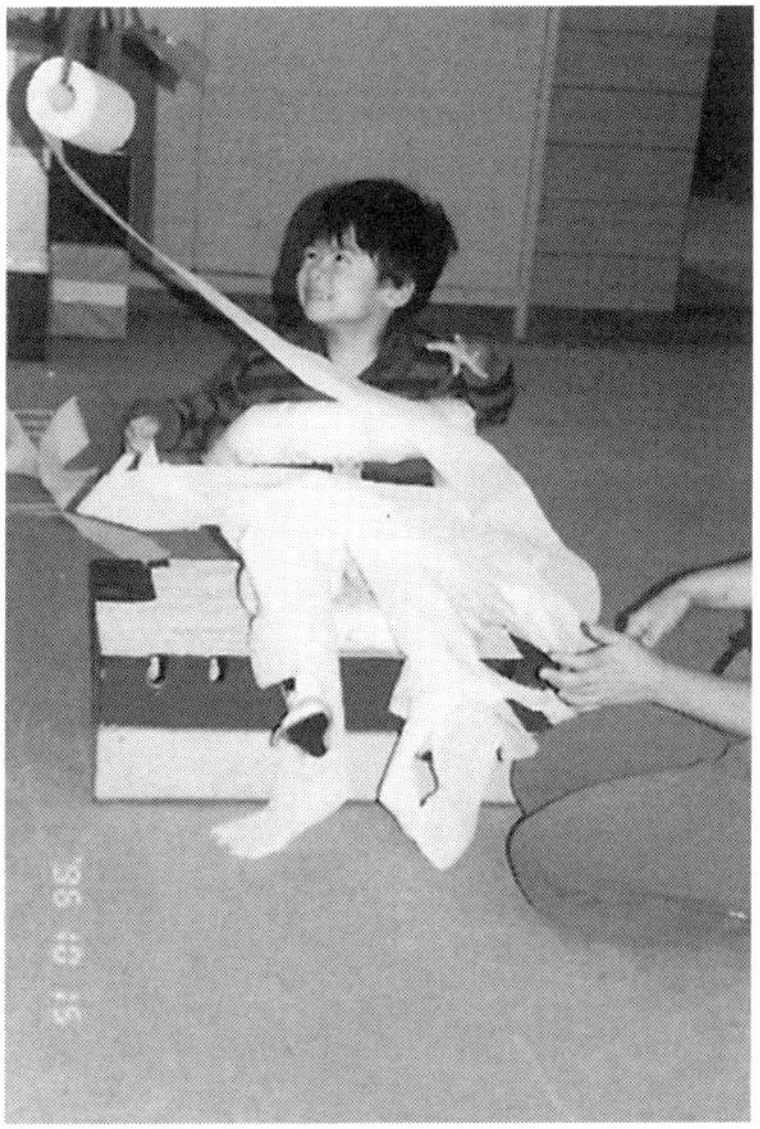
図53

です（図53）。机の上の作業と違って、目の前にペーパーがぶら下がっているのですから、見ようとするだけで視線が高くなり、よい姿勢を保ちやすくなります。子どもの手をとって介助する場合も、ペーパーの位置に手を出させようとするだけで、自然と体を伸ばして手を前に出すという動きを促すようになります。自分で手を動かすことのできるひとみちゃんは、片手ではうまく引き出すことができないことに気づき、自ら使いにくい方の手も出してくるようになりました。このように、セラピストが特殊な働きかけをしなくても、うまく作業設定さえすれば、あとは作業そのものが、やってほしい動きを引き出してくれるというところが、作業療法の面白いところです。

次に行ったことは、みんなで引っぱり出したトイレットペーパーを紙粘土にする作業です。床の上にシートを敷き、紙まみれになりながら、みんなでペーパーを引っぱりあったりちぎったりします。どうせ粘土にしてしまうのですから。決まったちぎり方などなく、それぞれの子どもが楽しいと感じることのできるやり方でちぎり、それから水の中につけ込めばいいのです（図54）。大きな鍋の中にみんなで手や足をつっこみ、クチャクチャと音や感触を楽しみながら、紙が溶けていくのを確認していく作業も、一人一人自分のやり方で行うことができます。このような多様性も、作業療法における作業の豊かさだと言えます。

ふのりを入れてコトコトと焚き、紙粘土ができたら、紙粘土細工にかかります。導入からすでに一カ月が過ぎ、子どもたちは手を前に出して素材を扱うことには慣れてきていますから、次に扱う素材の固さの段階づけを設定したわけです。それと同時に、作品を作る緊張感も子どもたちはここで初めて休験することになります。さらに、作品作りや色つけという活動を通して、子どもたちは椅子に座って机の上で作業することや、介助されながら決められた動きを行うことにも慣れていきます。ここではまず、作業を行う間、手を動かしても崩れないように姿勢を保つということが、課題となります。最初は長いブロックに介前者も一緒に座って、子どもの動きに合わせて支えながら介助するような方法から始め、リラックスして手を使うことに慣れさせていき、少しずつ姿勢保持のための介助を減らしていくようにします。そして、土粘土で作業

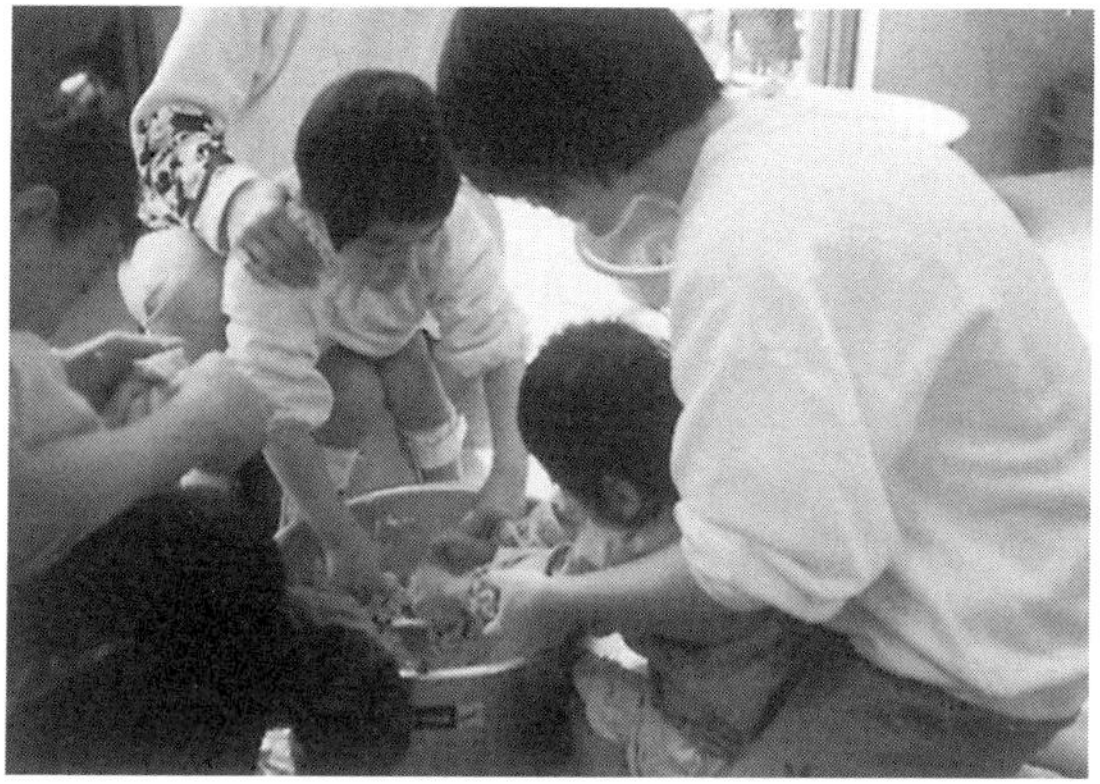

図 54

図 55

をするころには、普通の幼稚園で使っているようなパイプの机と、パイプの椅子に、ドーナツ型座面、カットアウト板、前もたれ用胸パッド、斜面台などの器具をそれぞれの子どもの必要性に応じて用い、みんなで一緒に同じ机の上で、作品作りができるようになりました（図55）。

運動機能に障害をもつ子どもたちの場合、それぞれの子どもの機能に合わせて、姿勢保持具を作るので、多くの子どもがそれぞれ専用の椅子と机を持っています。日常の姿勢管理のために、体に合った椅子を使うことは非常に大切なことですが、集団活動の際に一体感を感じにくいというデメリットもあります。お互いの活動を意識しながら活動できる方法を考えて、時には同じ机や椅子を使って活動する機会を作るのも、日常の集団生活を支えるためには、必要なことだと思います。

さて、最後はいよいよ土粘土です。まず土粘土に馴染むために、前の年に使った残りの固くなった粘土を粉々にしたものにお湯をさしてトロトロにし、土の感触を確かめる活動から始めます。そして、ここでも徐々に土を固くし、土を扱うことに対する抵抗をなくしていくという段階づけの方法を使います。さらに作業療法士が、押さえる、叩く、伸ばす、引っぱる、握る、ちぎる、ひっかく、というようなそれぞれの子どものできることに合った作業への参加を促すことで、たとえ大部分の工程を介助されていたとしても、子ども自身の達成感につなげることができます。

座ることすらままならない、自分で手を動かすこともできず、重い知的障害を合わせもつ子どもに陶芸をさせる意味があるのかと、問われたことがあります。私は他の五歳の子どもに意味のある活動なら、同じように意味があると考えています。陶芸活動の中で作品を作り上げるというのはとても大きな要素ですが、たとえ自分で作ったことがわからなくても、いろいろな工程を経て、「できた」という感動は、介助者の感情を通して確実に子どもに伝わります。でき上がった作品は、飾ったり使ったりすることで、作った子どもの存在を主張します。何もできないかのように見えるわが子が、たとえ手伝ってもらいながらでも作り上げた作品を親がうれしい気持ちで人に見てもらい、話をするたびに子どもは「すごいね、上手だね」と声をかけてもらうことができ、その場の主役になることができるのです。

五歳の子どもが作品作りをすることで得られるものは、ただ単に作品を作った満足感だけではありません。作品を通して評価されることによって「できる自分」に気づき、自分を好きになることもとても大きなことだと思っています。「自分を好きになること」――私は、このことが、就学前の子どもたちにつけておきたい一番大きな力だと思っています。手がうまく使えなくても、動くことができなくても、それでも自分のことが大好きな子どもに育ってほしいと願いながら、日々子どもたちと関わっています。細かな活動のステップを設定し段階づけて提供し、「できない」と思っていたことを、一つ一つ「できる」ことにしていくことは、子どもが自分のことを大好きになるための作業療法の一つの手段なのです。

素材の特徴を考える

私たちの身の回りにある様々な素材の中で、たいていの子どもが触れたことのあるものに、新聞があります。作業療法や保育の場面でも新聞を使った遊びは、よく行われています（図56）。なぜ子どもたちは、新聞遊びが好きなのでしょうか。まず新聞は、大好きなお父さんやお母さんが広げて興味深そうに読んでいて、子どもの手の届くところにいつもあるということが、大きな特徴です。

もちろん新聞紙という素材そのものにも、子どもにとって魅力的な特徴があります。

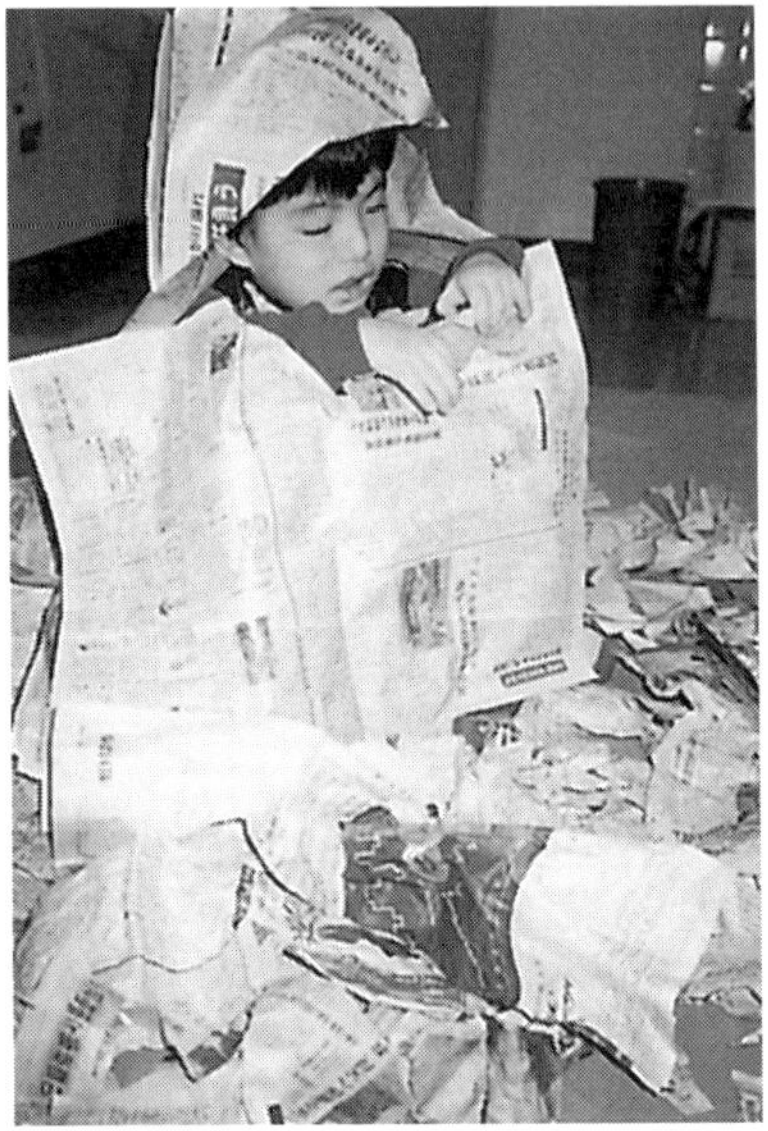

図 56

	ティッシュ	新聞	画用紙
丸　め　る	◎	○	×
折　　　る	×	○	○
棒にする	×	○	○
手でちぎる	◎	○	△
はさみで切る	×	○	◎

図 57　行為から見た紙の特徴

●簡単に形を変化させることができる

新聞紙は、手でもハサミでもちぎることができます。丸めたり棒状にしたり、兜《かぶと》や飛行機などを折ることもできます。他の紙の素材と比較してみても、形を変化させるという点においていかに新聞紙が柔軟な素材であるかがわかります（図57）。

●簡単に大きさを変えることができる

広げた新聞紙は、子どもが扱う素材としては、かなり大きな部類に入ります。服のように着てみる。いないいないばぁをする、ダンボール箱の家の壁にする、ダイナミックに破るなどは、その大きさを利用した遊びです。ちぎったり折ったりは、形や大きさを変化させていくことを楽しむ遊びですが、小さくちぎってしまった後は、まき散らすというような子どもの動きを引き出してくれます。

●簡単に固さを変えることができる

ピンと張った新聞紙と、一度クシャクシャにして広げた新聞紙では、触った感触がずいぶん違い、手への馴染みやすさが変わります。パンチで破ったり、引っぱり合ったりなどの遊びは、張った紙の方が向いていますし、ゆっくりちぎったり、丸めたりといった遊びは、柔らかく手になじみやすい紙の方が向いています。同じちぎるという動作で見ると、紙を一枚で扱うのと何枚も重ねたもの、切れ目の入ったものと入っていないものでは明らかに難易度が違い、子どもの〝ちぎる〟という自発的な動作の起こり方が異なってきます。また、もっと柔らかくするためには、ちょうど雨の日に郵便受けからはみ出していた新聞のように、新聞紙に水を含ませるという方法もあります。

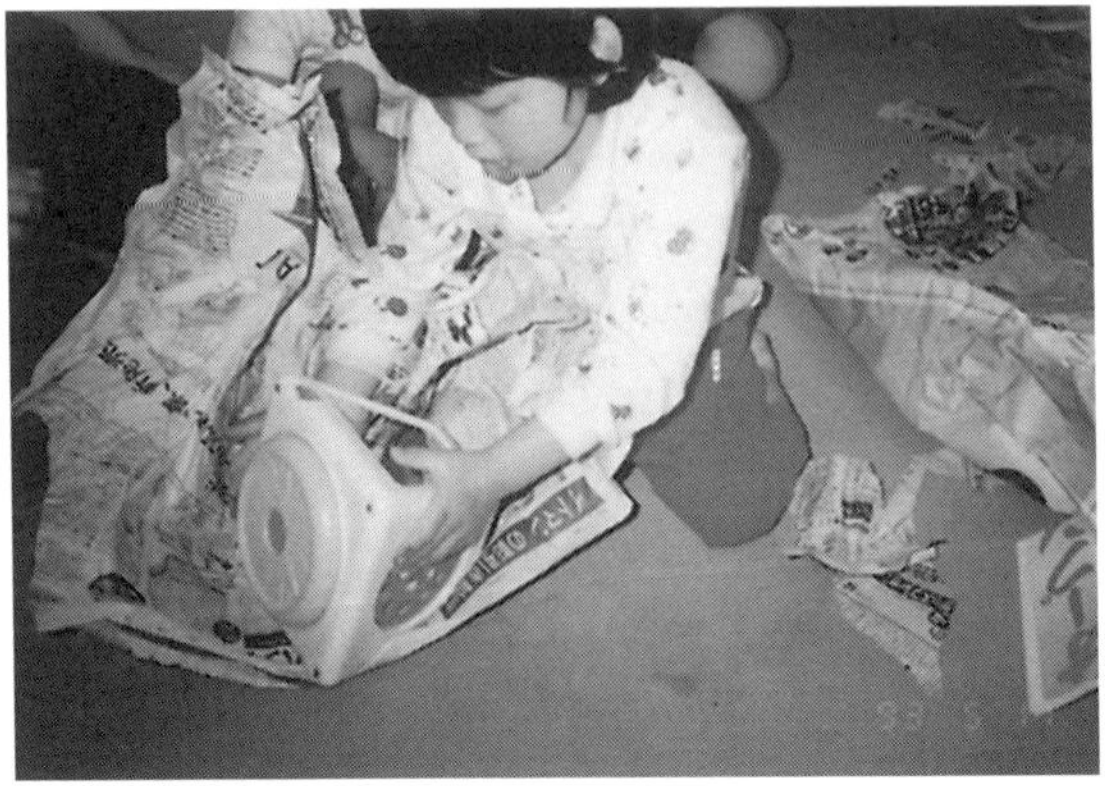

図 58

●いろいろな音が出る

クシャクシャ、カシャカシャ、ビリビリ、ビーッ、ピッ、パン、ドサン。丸め方や破り方、折り方によって、いろいろな音が出ます。子どもの遊んでいる様子を見ていると、こういった音も子どもの注目するという行動を引き起こし、さらに次の動きにつながるための大きな要素であることがわかります。

●いろいろな感触を感じることができる

新聞遊びは感触遊びとしてもよく用いられます。カサカサ、フワリ、クシャクシャ、といった感触を手先で感じるだけでなく、まき散らしたり、紙の上を転がったり走り回ったりすることによって、足あるいは全身の感触遊びに発展させることもできます。

●生活の中でいろいろな用途に使われる

読むために作られた新聞紙ですが。私たち大人も生活の中でいろいろな使い方をしています。物を包んだり（図58）、油を捨てるときに浸み込ませたり、型紙をとったり、梱包のときの緩衝材に使ったり、はりこの材料にしたり、油性のマジック使用の際にテーブルが汚れないように画用紙の下に敷いて使うこともあります。

このように、素材の持つ様々な可能性を考えると。新聞紙を目の前にした子どもがどんな遊び方をしようとするかは、それぞれの子どもによって違っていて当然だということが理解できます。そして、働きかけることで起こった素材の変化によって、さらに遊び方が変わることも容易に想像がつきます。遊びを育てるための指導とは、決まった遊びができるようになることではなく、いかに柔軟に素材と関わることができるかというところにポイントを置きます。ですから、子どもが素材と楽しい関係が結べるようなきっかけ作りをそれぞれの子どもに応じて行うために、素材の特徴を様々な角度から分析し、理解しておかなければならないと考えています。

気づきを促す

様々な物や人との出会いによって遊びは始まりますが、出会ったものに気づくところでつまずいてしまう子どもがいます。出会いのチャンスがあるにも関わらず、うまく遊びにつながらない時は、まず、気づきを促す働きかけを行ってみると、その遊びに気づいていないのか、その遊びが嫌なのかどうかがわかります。

しょうま君（運動発達遅滞）は、ゆび絵の具を使って絵を描く場面で机の上の紙をまったく見ようとしません。そこで、机の上に斜面台を置いて、その上に紙をのせてみました（図59）。目の前に紙しかない状況を作り、私がしょうまくんの手をとって手についた絵の具を紙につけて見せると、紙に絵の具がつくことによって起こった変化に気づくことができ、二回めには斜面なしでも楽しむことができるようになりました。斜面台は、机の上の紙を見るために下を向くのが難しくてバランスを崩したり、筋緊張を高めてしまう子どもによく使いますが、しょうま君のように上手に椅子に座っていることができる子どもにも、斜面台を利用して導入することが注目すべき対象をはっきりさせるという意味で有効なことがあります。

同様に、特に筋緊張の問題のない発達遅滞の子どもの場合でも、仰向けで頭を正中位に保つための枕などが有効な場合があります。やす君（発達遅滞・自閉傾向）は、仰向けで行う親子遊びの際にお母さんの顔を見続けることができず、親子で「面白い

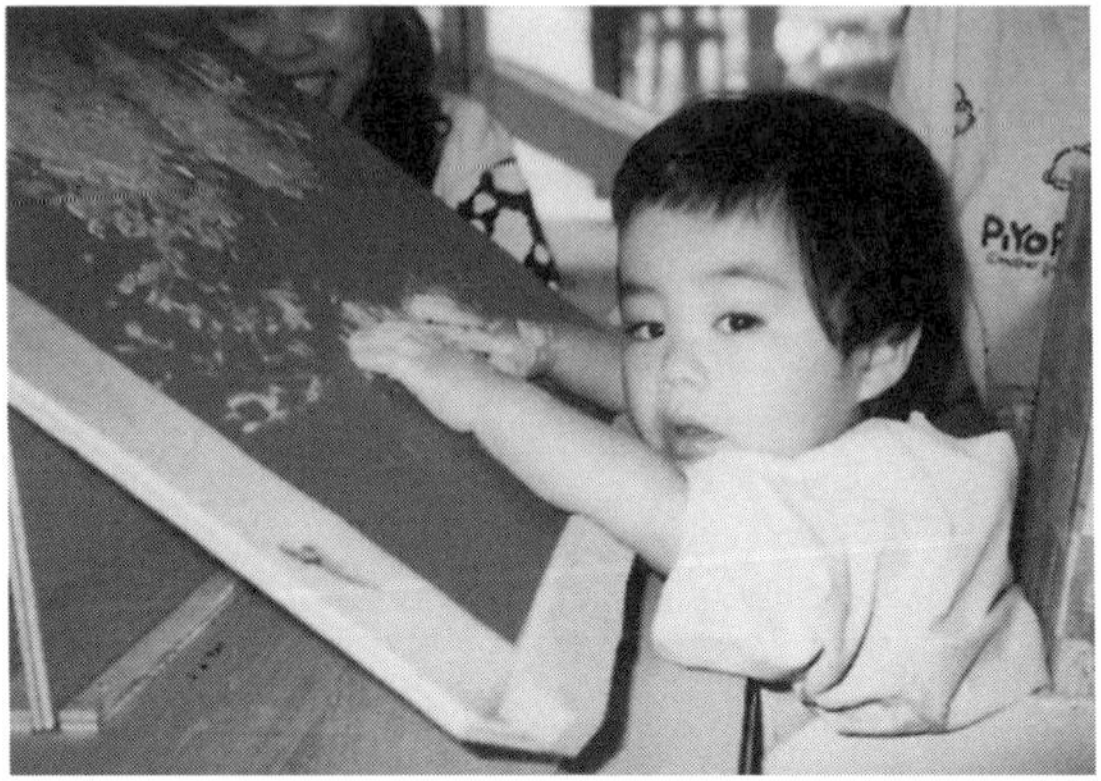

図 59

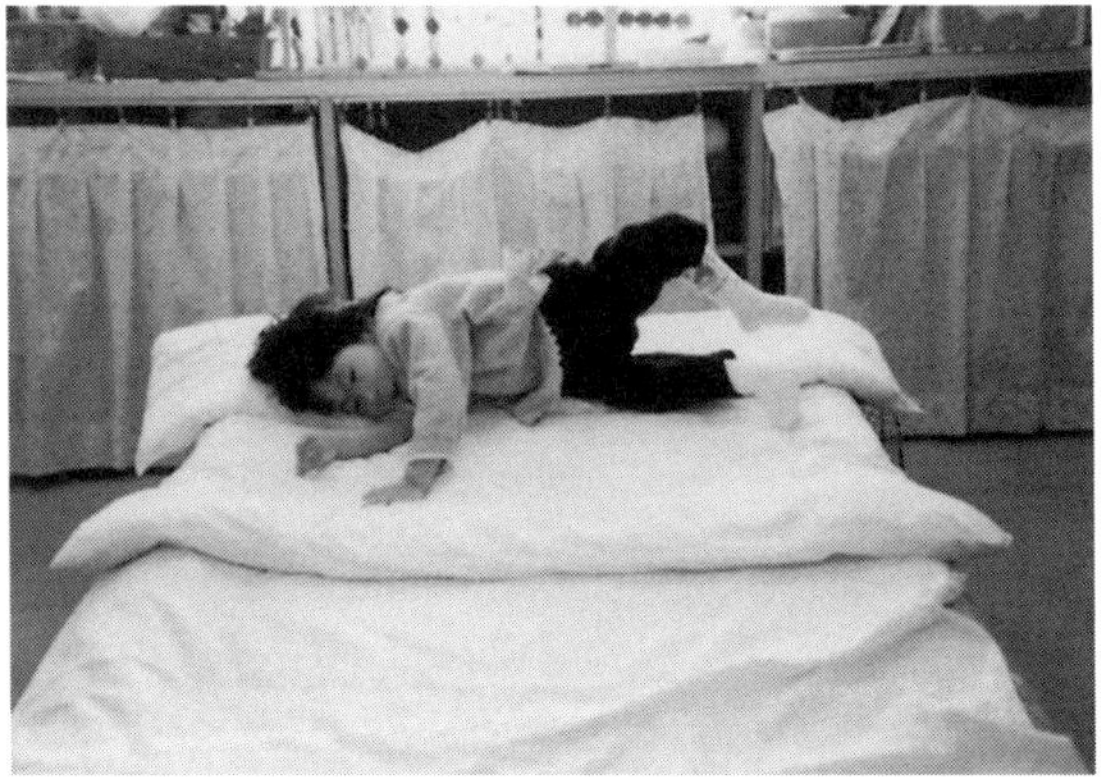

図 60

ね」を共感することができません。その結果、お母さんが関わっている間も手を目の前でひらひらさせる常同行動が見られました。そこで、お母さんの方を注目するための補助具として、脳性麻痺の子どもたちによく使う頭を正中位に保ちやすくするための枕を使ってみました。すると、頭を向ける方向を枕が決めてくれるので、お母さんの方を注目できるようになり、共感関係が高まるとともに、常同行動も減ってきました。

わかたけ園の保育でよく行うリズム遊びの中に。寝返りを繰り返す「どんぐり」という活動があります。自分で寝返りをすることのできない子どもは、保母やお母さんが介助して寝返りをさせることが多いのですが、まゆみちゃん（二分脊椎）は、介助されることも拒否して泣いてしまいます。そんなまゆみちゃんの様子を観察しながら、もしも少しでも自分で寝返ることができ、動きに気づくことができればどうだろうかと考え、幅の広い傾斜の緩やかな斜面を作り、上に布団を敷きつめてみました（図60）。子どもたちは布団の上でころがって遊ぶのが大好きですから、まゆみちゃんも布団の上ならゴロゴロする楽しさを感じることができるのではないか、という期待を込めた設定でした。結果は大成功。最初は少し介助が必要だったまゆみちゃんの寝返りが、斜面を利用することでだんだんと一人でできるようになり、もちろん笑顔でリズム遊びができるようになりました。

なおちゃん（レット症候群）と散歩に出たのは。よく晴れて日差しのとても眩しい日でした。私は玄関から外へ出ても、表情を変えないなおちゃんを見て、初夏の眩しい目差しを感じてほしいと思いました。そこでまず、抱っこしていたなおちゃんを車の遊具に乗せ動きを確保したうえで、動きの変化にともなう彼女の表情を確認できるようにしてみました（図61）。そして、薄暗い車庫から光の下へ車を動かすことを繰り返すと、五回めにようやく変化に気づくことができ、なおちゃんと私は「眩しいね」を共感することができました。

障害をもつ子どもは、「遊ぶことの難しさ」を持っています。しかしそれは「難しい」だけであり「できない」のではないというところから私たちの発想をスタートさせなければなりません。そして、最初から大きな遊び全体を成功させようとせず、遊びの中で、まず子どもに気づいてほしい、あるいは気づきやすいポイントをしぼって、遊びと子どもとの関係を評価することが必要です。そのうえで、一人一人の子どもの機能に合わせた導入プログラムを立て、ほんの小さな一つ一つのできごとを「できた

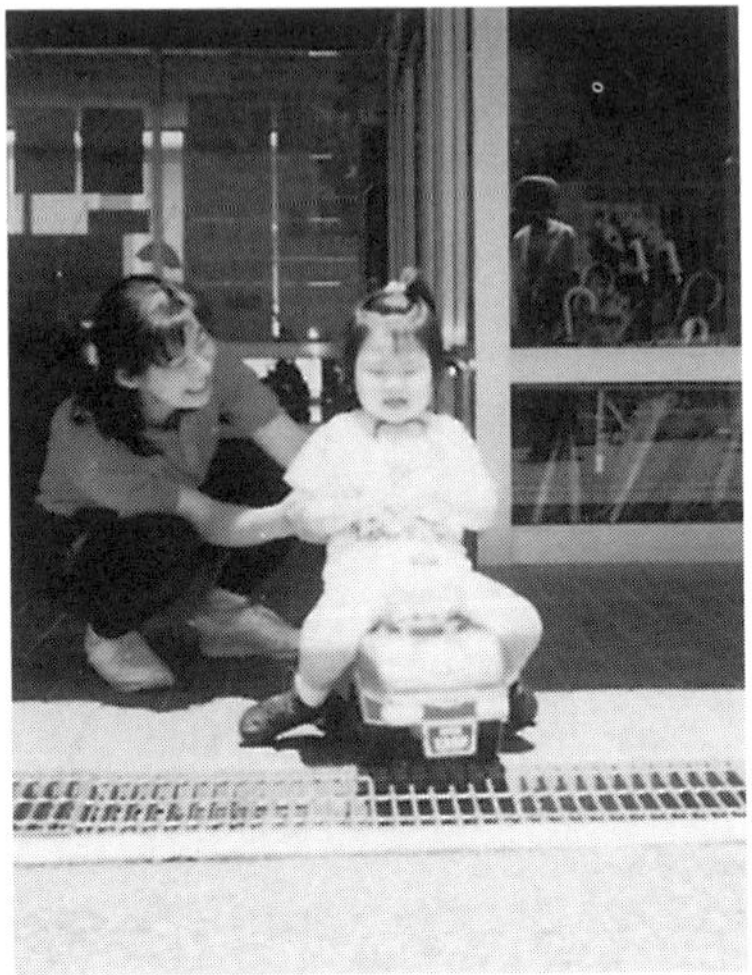

図61

ね」と共感しながら、少しずつ遊びの可能性を広げていけばいいと思います。

仲間遊びを促すための段階づけ

子どもの人と関わる遊びは、大人に密着し依存した遊びから始まります。そして二歳を過ぎる頃から、次第に他の子どもとの相互的な関わりを持つ遊びへと変化していきます。自分に合わせてくれる、あるいは自分の期待どおりの反応を返してくれる大人とは違い、子どもの行動は予測がつきません。この予測できないところが、面白いところなのですが、同時に難しいところでもあります。そのために他児に注意を向けることができない・注意を向けることはできるがどのように行動してよいかわからない・思うように行動することができない・行動が不適切なために周囲に受け入れられない、などの問題が起こってしまいます。

歩くことができるようになり、あちらこちらを動いてまわることが楽しい二歳のあいかちゃん（ダウン症候群）は、彼女の探索活動に大人が合わせると、共感的に遊ぶことができますが、友達には目を向けることが少ないので、一人で遊んでいることが多い状態でした。同じように仲間との遊びが成立しにくい子どもが数人いるあいかちゃんのクラスで、仲間遊びを育てることを目的とした集団作業療法を行いました。四五分という短い時間に行う集団遊びですが、私は活動、集団、大人の介入、時間という四つの角度から段階づけを行いました。

●活動設定の段階づけ

仲間遊びを育てるということを目的とした取り組みでしたが、導入は対象となる子どもたちが好んで行う大型遊具を使って体を動かす遊びで行いました。すべり台・階段・トンネル・シーソーブランコといった遊具は運動感覚を楽しむためのものではありますが、動きの中で人と出会うことのできる遊具でもあります。向かい合って座る、すべり台の下から上ってくる子どもと上がらすべろうとする子が出会う、トンネルでぶつかる、順番を待つ、他の子のすべるのを見るなど、たくさんの人と出会う要素が、体を使った遊びの中にも含まれていますす（図62）。まず、自分の得意なダイナミック

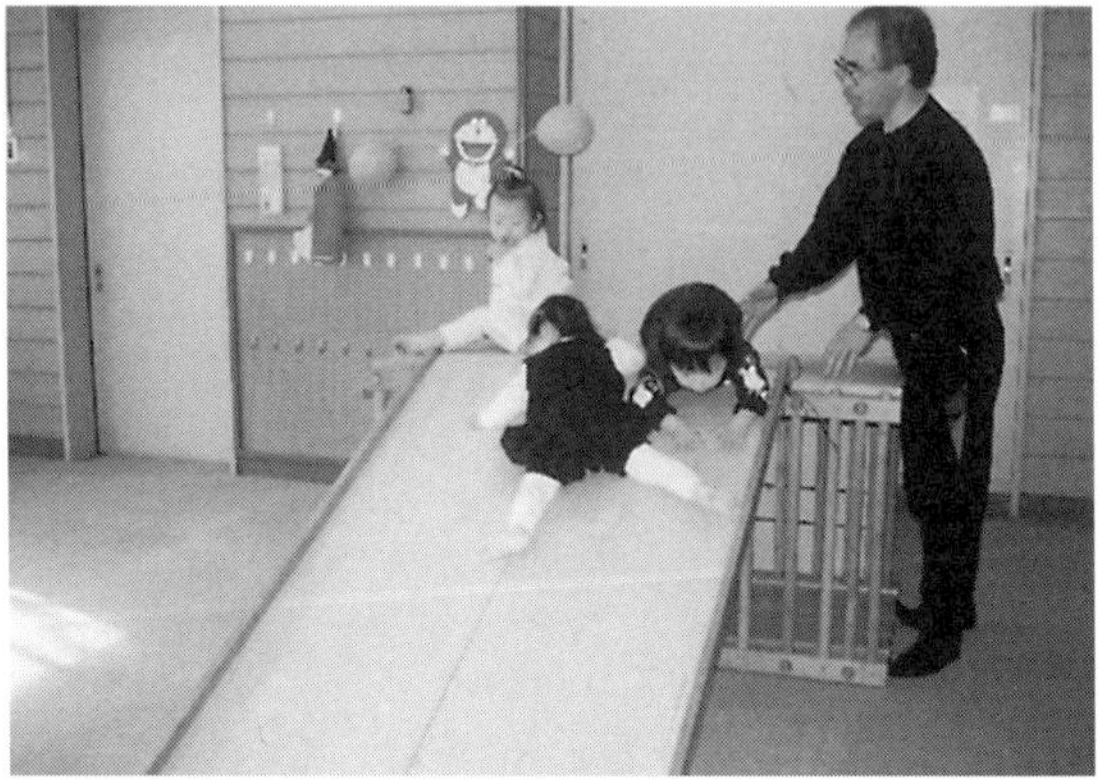

図 62

図 63

な遊びの中で友達に気づくことを促した後、トロッコを利用してだんだんと友達に近づいていくような遊びや、フープを使った汽車ごっこなど、遊具を介して友達との距離を縮める遊びを設定しました（図63）。そして最後に、おふねはギッチラコやまてまて遊びなど、直接的に他児と関わる遊びへつなげました（図64）。知ってる友達から一緒に遊ぶ友達への移行をスムーズにするために、ここでは子ども同士の距離に注目した活動の段階づけを行っています。

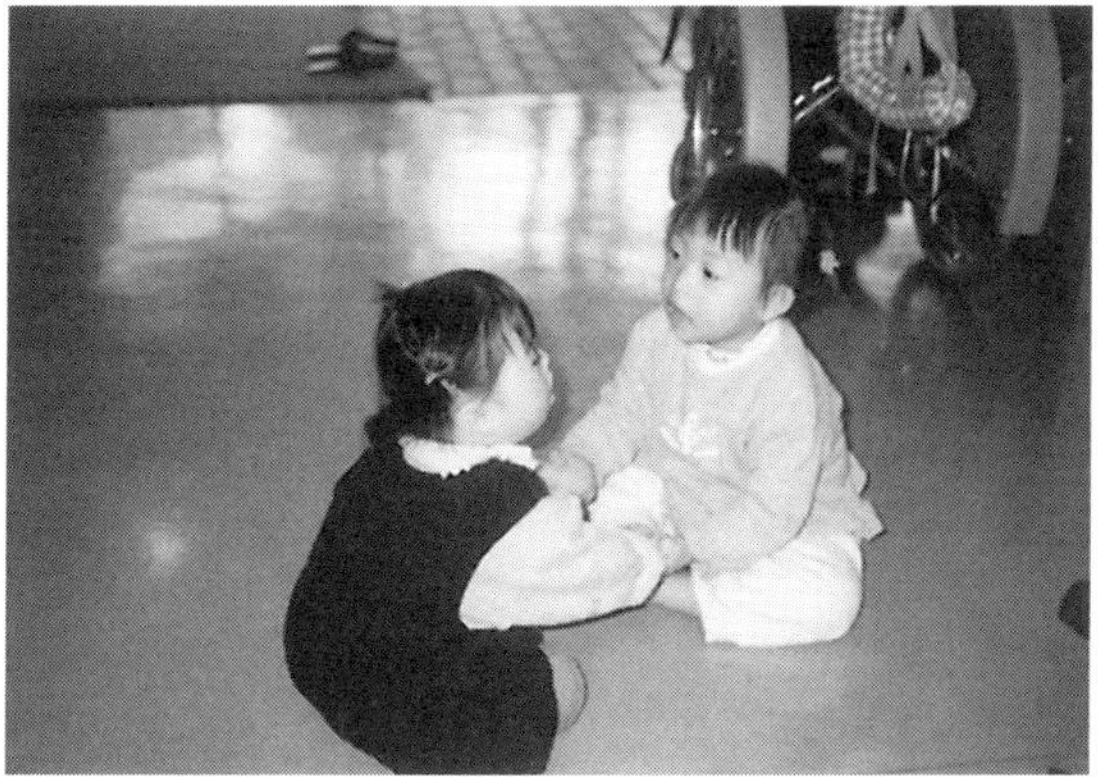

図 64

図 65

●一緒に遊ぶ仲間の段階づけ

同じ遊びの中でも、行動のペースは一人一人違います。子どもにとって大人は、自分のペースに合わせて関わってくれる存在ですが、子ども同士ではそういうわけにはいきません。さらに、子ども集団の中で自分のペースを守りながら行動することは、もっと難しい課題です。そこで、私は最初から集団の中での行動を促さず、まず二人組の遊びの中で友達に気づくこと、友達を意識しながら同じ場で自分で遊ぶこと、遊びの中で友達との関わりを持つことを促すようにしました。

●大人との遊びから仲間遊びへと移行するための関わり方の段階づけ

「子どもたちが自分で動き出すのをそばで見守る」「最低限必要な時だけさりげなく助ける」――これが、子どもの遊びを育てることを目的とした作業療法におけるセラピストの最もよい関わりのスタイルです。

この集団において、最初一対一で子どもにつき、友達の存在に目を向けることを促しましたが、次にセラピストは二人について、お互いの共感関係をつなぐような立場をとりました。そして最終的には三、四人程度の集団に一人でついて、必要な時だけ子どもの動きをサポートし、それ以外はできるだけそばで見ているという立場でいるようにしました（図65）。

●一つの設定にかける時間の段階づけ

一人歩きができ始めた頃の子どもは、うろうろといろいろなものを見つけて歩くのが楽しくて、一箇所でじっくりと取り組むことが苦手です。一つの活動そのものへの興味が途切れると、そこででき上がっていた仲間遊びも途切れることになってしまいます。そこで、子どもの探索欲求を満たしながらなおかつ子ども同士のつながりを壊さないために、あらかじめいくつかの設定場面を用意しておきました。そして、子どもの活動に対する興味の持続時間を見ながら、テンポよく新しい活動に誘導することによって、動きの流れを作り、仲間遊びの持続を図りました。

図66は、あいかちゃんの仲間遊びにおける変化を示したものです。最初自分と遊具との関わりしかできていなかったのが、友達の動きに気づき興味を持って見ることができるようになり、最終的には友達の動きをまねたり、自分から友達に関わることができ始めていることがわかります。

活動をともにすること、同じ活動を体験することによって得られる子ども同士の共感が、仲間遊びの楽しさです。ですから、セラピストの介入が、子どもたちの遊びの妨げにならないように注意しなければなりません。放りっぱなしではなく、干渉し過ぎない。手や口は出さず目をかけるということです。一般的な子育てにおける親の役割にも共通するこのスタイルは、子どもが表わしてくる動きの意味を常に敏感に感じ取りながら対応することでしか得られない、結構難しいセラピストの課題であるように思います。私たちがつい手や口を出してしまうのは、きっとその方がやさしいからではないでしょうか。「子どもが安心して自ら動き出すことのできる環境」としてのセラピストであるために、まだまだ子どもの動きに学ばなければならないと思っています。

活動分析表　　　　　　　　　テーマ・仲間遊び　　　名前・　　A．W

遊　び	遊びの内容	Ⅰ	Ⅱ	Ⅲ
斜面すべり	階段をのぼる	○	○	○
	一人ですべる		○	○
	上から下の友達を見る		○	○
	すべりながら周りを見る		○	○
	友達がすべるのを見る		○	○
	友達と並んですべる			○
	上や下から声をかける			○
	順番を待つ			○
トンネル	入ったことに気づく	○	○	○
	出たことに気づく	○	○	○
	トンネルをくぐる	○	○	○
	トンネルの中で遊ぶ			○
	トンネルの反対側の人に気づく		○	○
	反対側から友達を呼ぶ			○
	友達と一緒に入る			○
	順番を待つ			○
シーソーブランコ	一人で座る	○	○	○
	揺れを感じる	○	○	○
	止まったことに気づく		○	○
	動かしてほしいと要求する		○	○
	乗りながら周りを見る		○	○
	友達と一緒に乗る	○	○	○
	一緒に乗っている友達に気づく		○	○
	一緒に乗っている友達にかかわる		○	○
	友達が乗っているのを見る			○
	友達が乗っているのを押す			○

図66　活動分析表（仲間遊び）

遊　び	遊びの内容	I	II	III
ことりことり（トロッコ）	歌を聞く	○	○	○
	スピードを感じる	○	○	○
	一人で乗る	○	○	○
	前の友達に気づく		○	○
	トロッコが来たことに気づく	○	○	○
	トロッコを受けとめる		○	○
	トロッコを押す		○	○
	順番を変わる		○	○
	友達と一緒に乗る			○
まてまて	追いかけられるのに気づく	○	○	○
	つかまることに気づく	○	○	○
	自分勝手に動く		○	○
	追いかけられて動く			○
	追いかける		○	○
汽車	輪に入ったことに気づく	○	○	○
	自分で輪に入る		○	○
	輪を持って歩く	○	○	○
	一緒に入っている友達に気づく		○	○
	自分勝手に歩く	○	○	○
	友達に合わせて歩く			○
	輪に友達を入れようとする			
おふね	歌を聞く	○	○	○
	歌に合わせて体を動かす		○	○
	前の友達に注意を向ける		○	○
	手をつながせてもらう		○	○
	自分から手をつなぐ			○
	友達にタイミングを合わせる			○

図 66 （続き）

介助を減らすためのグッズの工夫

四、五歳クラスの春の集団作業療法では、「公園の遊具で体を使って遊ぼう！」が、定番のテーマになっています。公園は子どもたちが大好きな場所です。子どもたちはそれぞれのやり方で、公園の遊具を使って遊ぶことを楽しんでいます。しかし、基本的に動き回る子どもを対象に作られた遊具で、重い肢体障害をもつ子どもが遊ぶのは難しく、だんだんと公園が遠い場所になってしまいます。では、肢体不自由児にとって公園の遊具は何の意味も持たないかというと、決してそうではありません。ここでも私は、一般に四、五歳の子どもに意味のあることは、障害をもつ子どもにとっても同じことが言えると考えます。

五歳のちひろちゃん（脳性麻痺・痙直型四肢麻痺）は緊張が強く、一人で座ることができません。だから、ブランコはいつも大人に抱っこしてもらって乗っていました。揺れを心地よく感じたちひろちゃんは、うれしい気持ちが高まると、緊張も高まって突っ張ってしまいます。そうなると、片手で介助しながらブランコに乗っている介助者が彼女の体をコントロールすることはとても難しくなります。

抱っこされて乗るブランコ遊びでもう一つ私が気になるのは、揺れの感覚は初めてであったとしても体に触れている感覚、つまり介助者によって包まれている感じは歩いている時やすべり台をすべっている時と、あまり違いのないものだという点です。ブランコに乗り始めた頃の面白さの一つは、揺れの中で自分で体を支える緊張感です。「いつも抱っこじゃつまらない」――そう感じた私は、一人でブランコに乗るということを、ちひろちゃんの目標にしました。

そのままでは難しい姿勢や、動作を補助するための便利な器具のことをわかたけ園ではグッズと呼んで必要に応じて散歩にも持って出かけます。目標を達成するために私か用意したグッズは、フレキシブルなひも付きローラー一本、マジックベルト式のだて締め（太）二本、マジックベルトで作った把持用ベルト二本、すべり止めマット一枚です。図67のようにセッティングして、ちひろちゃんを一人で座らせると、少し緊張した面持ちで鎖を握り、自分で頭と体をまっすぐに保とうとし始めました（図68）。頭と体をまっすぐに保って手を使うこと、まさにちひろちゃんの訓練課題であるこのことを、ブランコとの関わり合いの中では、彼女は自分で実現することができたのです。その横では、今まで抱っこで介助をしていた介助者が。ブランコをゆっく

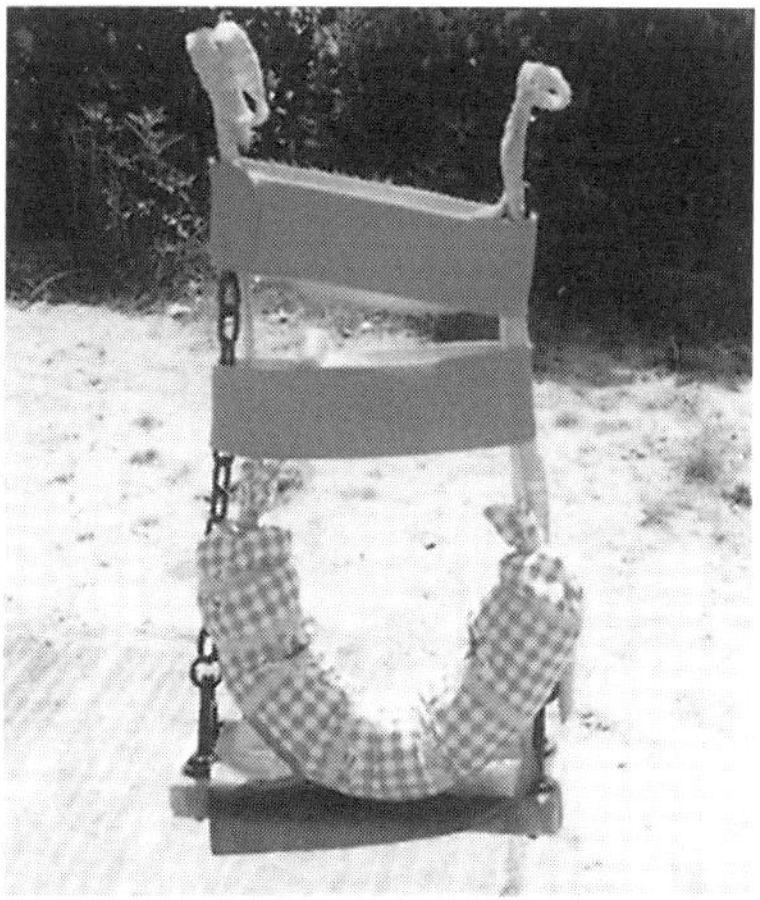

図 67

り押しながら「すごい！　ちーちゃん一人で乗ってるよ！　じょうずだね」と声をかけていました。これは、離れて子どもの様子を見ることによって初めてかけることのできる声かけです。つまり、障害をもつ子どもたちの遊び経験の乏しさは、認められる、ほめてもらうという経験の乏しさにもつながってしまっているのです。子どもの「できた！」という満足そうな笑顔と、それを見ているお母さんのうれしい顔、それが私たちのめざすべきものだと思います。「できたね」「やった！」「すごいすごい！」――そういう言葉をかけてあげることができる場面を増やすことが、作業療法士の役目だと思っています。

一人でブランコに乗ることができたちひろちゃんは、次に隣でブランコに乗っているゆりちゃん（脳性麻痺・痙直型両麻痺）に視線を向けました。ゆりちゃんは。お座

図 68

りのバランスがいいので、だて締め一本で乗っています。じっとゆりちゃんを見続ける彼女に「押してあげる?」と聞くと口を大きく開けてイエスの答えを返してきました（図69）。自分が乗ってみて、後ろから押してもらって楽しかったという体験が、次に同じように一人で乗っている友達へ目を向け、押してあげるという行動へと広がるのです。

すべり台に座って一人ですべるためのグッズにドーナツ座面があります（図70）。

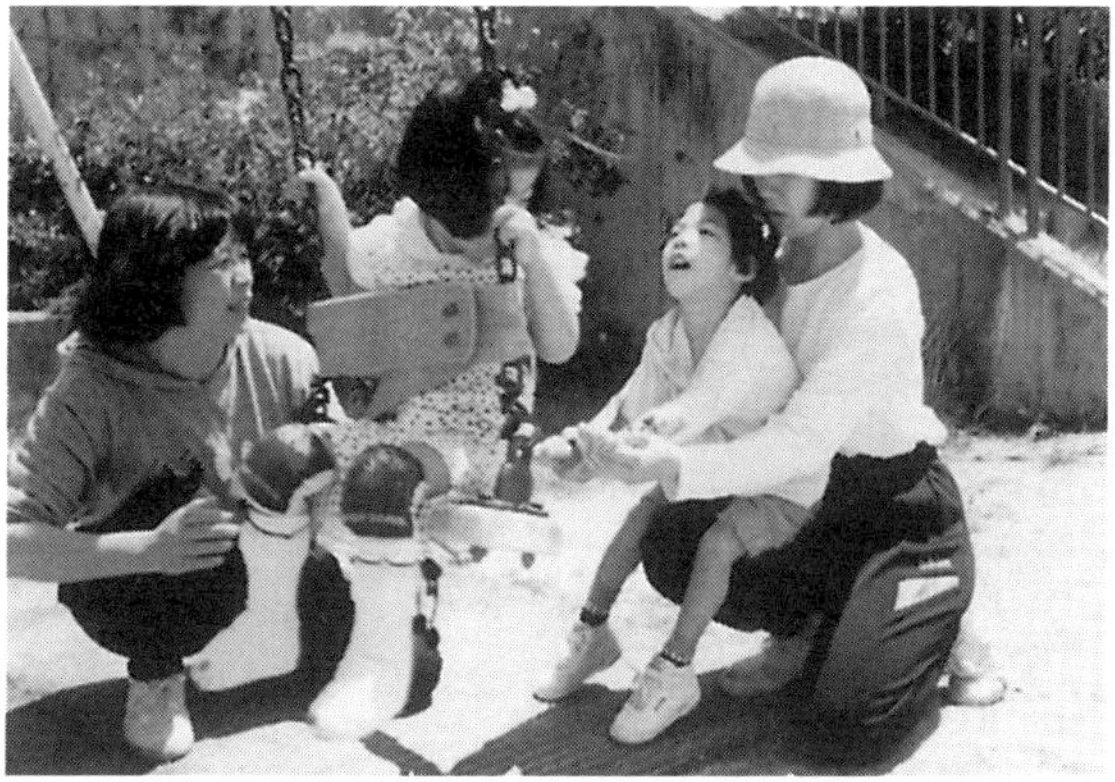

図 69

すべり台は座ってすべらなければならないと決まったものではありませんが、一番オーソドックスな形も体験してみる価値はあります。ドーナツ座面を使うと、腰が安定するので斜面に対して体をまっすぐに保つことができます。体をまっすぐに保つことができれば、周りの景色や下で待っているお母さんの顔を見ることができます（図71）。一人で座ってみて初めて上からすべり下りることの不安感と緊張感を感じたちひろちゃんは、すべり下りる時、おもわず手すりに両手を伸ばしていました。そして、真剣な表情で、すべり下り、その瞬間に「やったぁー！」という表情に変わりまし

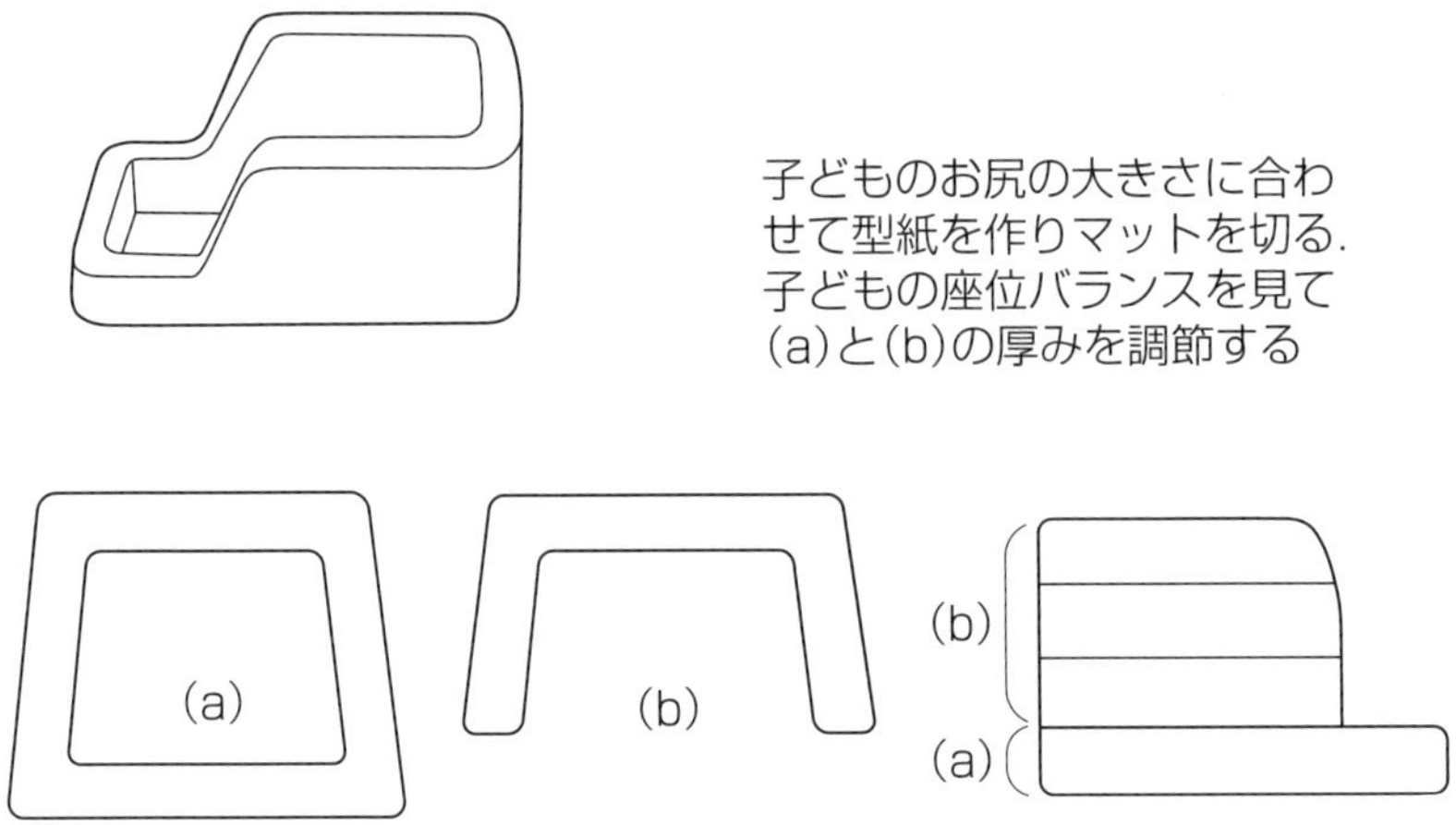
子どものお尻の大きさに合わせて型紙を作りマットを切る.
子どもの座位バランスを見て(a)と(b)の厚みを調節する
(a)
(b)
(b)
(a)

図 70　ドーナツ座面の作り方

た。その後、他のお友達の様子を今までになく興味深く見ていたことは言うまでもありません。

もう一つその場に起こった変化は、「何だか面白そうだな」と近所の子どもたちが寄ってきたことです（図72）。ちひろちゃんが上からすべろうとすると、下から子どもたちが上ってきて、自然と交流が生まれました。近所の公園に遊具があって子どもたちがいれば、一つの遊具をはさんでいつの間にか一緒に遊ぶというのも公園での

図 71

図 72

な様々なあたりまえの遊びを可能にします。

〝あたりまえ〟の状況です。すべり台をすべることができるということが、このような様々なあたりまえの遊びを可能にします。

すべり台遊びの面白さの一つに、斜面にお尻がこすれる感じがあります。最近よく見かけるローラーすべり台のボコボコとした感触や振動も、ドーナツ座面ならお尻の部分が開いているので、しっかりと感じ取ることができます。ドーナツ座面はこの他、学校や幼稚園の椅子にはめ込んで姿勢保持を助けることができますし、シーソーや砂場遊びの際にも使えます。持ち運びが便利で応用範囲が広いので、使用頻度の高いグッズの一つです。

五歳のけんちゃん（脳性麻痺・アテトーゼ型）は、とても自己主張が強く、気に入らないと、怒って呼吸を止めてしまうこともあるくらい強く反り返ります。そのけんちゃんが一人でブランコに乗るためのセッティングをしている間、だまって待っていることができました。そして限られた数しかないブランコに早く乗りたい気持ちを抑えながら待っていることもできたのです。「期待して待つ」という経験が、がまんする力を育てるのだということをけんちゃんとブランコが私に教えてくれました。

子どもたちと遊びの体験を繰り返していると、「知ってるつもり」の遊びのことを実はほんの一面しか知らなかったのだということに気づかされます。子どもは遊びの中で育つといわれますが、それは、その遊びができるための機能が育つということではありません。一つの遊びができることによって次々と連鎖的に引き起こされる、物や人を含めた環境と新しい関係を作り出していく過程が、子どもの生きる力を育てます。そして、この遊びがもたらす豊かな恵みは、まず実際に体験してみることから始めなければ、決して得られないものなのです。実際に体験することを援助し、遊びと子どもとの関係を支え見守ること、それが「遊びを育てる」作業療法のスタイルです。

保育園における障害児の遊びの援助

吹田市には、保育園で育つ障害をもつ子どもたちのための巡回相談の制度がありま す。保育園は、子ども同士の育ち合いの場です。しかし、第二章で述べたように、たとえ同じ場所にいたとしても、適切な配慮がなされなければ、子どもたちとの相互の関わり合いの場面は非常に少なくなってしまいます。保育園の巡回相談では、子ども同士の関わり合いの場面を増やし、育ち合いを援助することを目的としています。

図 73

●動きを助ける

第二章で紹介した、公園で鳩にパンをあげているうちに一人ぼっちになってしまったかず君の遊び場面について、あらためて考えてみます。

その場面を観察しながら、彼に足りないのは「動き」だと判断した私は、保育園に戻って、足でこぐ車の遊具を持ってきました。そして、彼を座らせ、だて締めで体を止めて、動きを作ってみました（図73）。視線が高くなって、動きを心地よく感じたかず君の表情は緩み、その様子を見ていた子どもたちが、かず君の周りに集まってきました。そして、車を押したり前に回ってハンドルを触ったりし始め、あっという間にかず君を囲んで三、四人の子ども集団で遊ぶという場面ができ上がったのです。

動き回る子ども集団の中で、動くことができないというのは、とても大きなハンディです。しかし、育ち合いということを前提にすれば、必ずしも全面的に動く方に合わせる必要はないと考えます。ある部分は合わせつつ、しかし大切なのは、子どもが環境といかにいい関係を結ぶことができるかということです。そして、そこで起こっている遊びが楽しければ、障害の有無にかかわらず、対等に育ち合うことができると私は考えています。

●あたりまえの遊びへの参加を促す

えりかちゃん（脳性麻痺・痙直型四肢麻痺）のクラスのその日の設定は水遊びでした。一人で姿勢を保つことができないえりかちゃんを、保母が抱き上げ、上に吊ったペットボトルの穴から落ちてくる水が彼女の足に当たるところまで連れて行きました（図74）。足に当たる水を感じたえりかちゃんは、反り返りながらうれしそうに笑い、抱いている保母も、水の遊びの楽しさを共感しているようでした。それでも私が物足りないと感じたのは、水という素材を彼女が足の感覚でしか感じとっていなかったことです。「あれ？　何だろう？」と感じたら、次に子どもは自分の持っている様々な能力を使ってその素材を確かめようとします。触った水、目で見た水、かき混ぜる水、水の音などを確かめながらだんだんと「知ってる水」の幅を広げていきます。えりかちゃんにもそういう水との関係を作ろうと、私はあたりを見回し、グッズになる物はないかと探しました。身近にある物の中でも結構使える物があります。この時は、牛乳びんを入れるケースを見つけてひっくり返し、えりかちゃんと一緒に腰かけて姿勢を整え、上から落ちてくる水を目で確認しながら手で水を触ることができるようなセッティングをしました。すると大きな口を開けて笑っていたえりかちゃんは、神妙な表情になり、じっと水を見つめていました（図75）。たまたまそこに置いてあった牛乳ケースでしたが、箱にこしかけると、ちょうど他の子どもたちと同じくらいの高さで遊べたので、友達が、ひしゃくに汲んだ水をえりかちゃんの手にかけたり、声をかけたりする行動も見られるようになりました。そして、水とえりかちゃんと友達との関係の中で、彼女の表情は、少しずつ安心した笑顔に変わっていきました。

図 74

●保育者の負担を軽くする

子どもが見やすくて手を出しやすい位置で、丁寧に関わろうとするあまり。無理な姿勢をとっている場面をよく見かけます。そして、そのことが原因で腰痛などを起こしてしまうこともあります。たとえば、筋

図 75

緊張が低く床の上で背中を丸くして座っている子どもに、視線を合わせるために、大きな体の保母が体をかがめて関わっている場面。この場面では、子どもの姿勢筋緊張を高めるためにも、保母が普通の位置から働きかけ、子どもに背中を伸ばさせる方が効果的ですし、保母の体も楽です。同じように、体の柔軟性の乏しい子どもに話しかけたり物を渡す時には、注意を向けやすく手を伸ばしやすい正面から丁寧に働きかけることが多くなります。しかし、この場合も、子どもが自分で体をねじる動きを経験し、注意を向けることのできる幅を広げていくためには、子どもが体をひねって手をうんと伸ばさなければならない横や後ろあるいは上の方からの働きかけにだんだんと変えていくことを考えなくてはなりません。

えりかちゃんの水遊びの場面で最初にとっていた抱っこの姿勢を見ても、反り返るえりかちゃんを長時間抱き続けることはとうてい無理です。せっかく楽しんでいるのに抱き続けることができないことをかわいそうだと思うよりも、抱かずに楽しさを持続できる方法を考えるべきです。そこで次に、まったく抱くことなくえりかちゃんが姿勢を保って水遊びや泥遊びを楽しめる方法を考えることにしました。近くにあったプラスチックのおもちゃ箱に枕を取り付け、えりかちゃんを座らせてテーブル代わりの板を斜めに渡し、板の上の泥を自分で体の方に落とす遊びの設定です（図76）。めずらしさもあって、子どもたちが集まってくるので、笑い合いながら遊びが展開していきます。周りの大人とも「遊ばせてあげる」関係ではなく、「一緒に遊ぶ」という関係ができ上がりました。

障害をもつ子どもとの関わり方は、長期にわたるものですから、日常の流れの中で

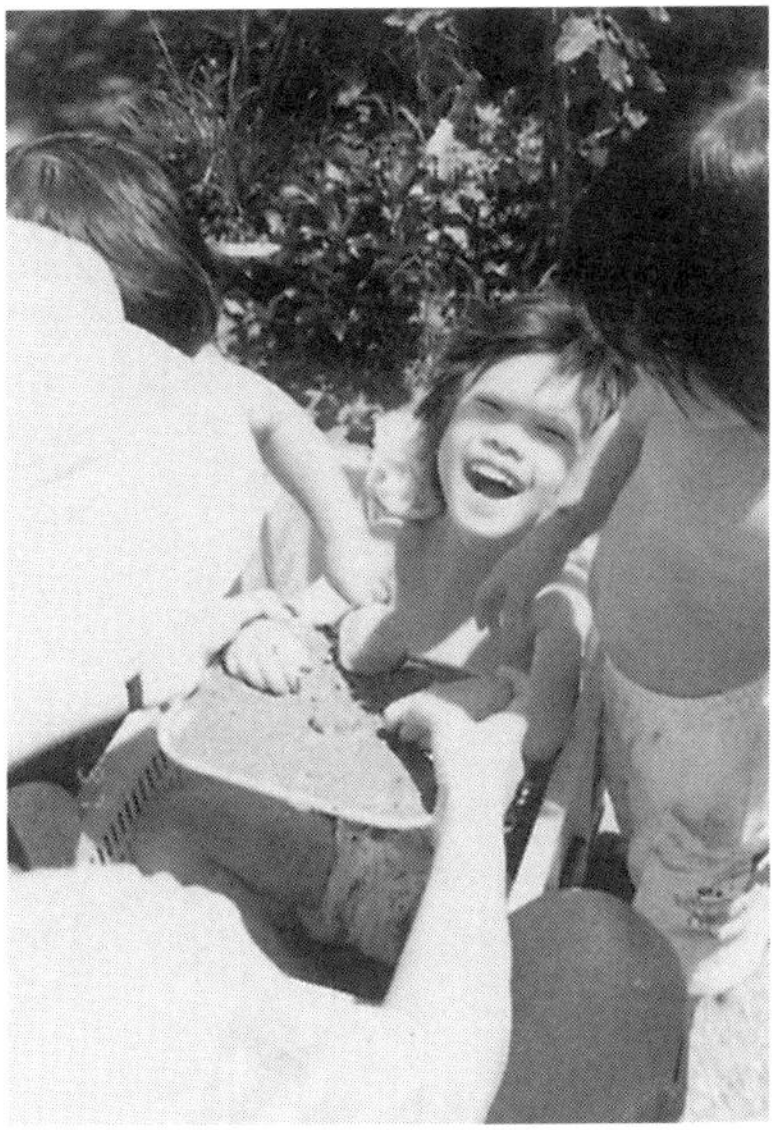

図 76

自然に継続して行うことができる方法でなければなりません。「介助は大変だけどがんばる」ではなく、「介助が大変だからしない」でもない。できるだけ楽な介助で子どもも保母も楽しむことができる方法を提示することも、障害をもつ子どもの遊びを育てるために、作業療法士が果たさなければならない大きな役割だと感じています。

第四章　環境が引き起こす子どもの動き

図 77

子どもたちと一緒に園舎の裏庭をゆっくりと散歩していると、普段は目にとめることもないいろいろなものに気づきます。

毒キノコ、排水溝の蓋、水たまり、葉っぱ、かたつむり、だんご虫、バッタ、トタン、棒切れ、ドクダミ、植え込み、雨、あじさい、風、花、たんぽぽの綿毛、さんしょの葉、溝、室外機。それらと子どもが出会うことによって生まれる遊びに立ち会ってみると、「セラピストの出る幕じゃない」と感じることがよくあります。子どもの周りにある何でもないものが次々と子どもの動きを引き起こしているのです（図77）。

雨

雨の日も、私たちは「今日はかたつむりの元気な日だね」と言いながら、傘をさして雨散歩に出かけます。

ある雨散歩の日、私は「雨にぬれるから、しっかり傘を持っててね」と声をかけながら、ひろなちゃんを抱いて外へ出ました。ひろなちゃんは、得意な左手を使おうと

図 78

すると、右手の緊張が強まり、うまく手を前に出しておくことができません。それで、右手をリラックスさせたまま左手を使うこと、滑らかな両手動作を行うことが、訓練上の課題になっている子どもです。初めて、雨の中で傘を持ったひろなちゃんと、枯れ草の下のかたつむりを探しました。ひろなちゃんは、かたつむりを探すために、左手を伸ばしたり身を乗り出したりしながらも、傘を持った右手は常に一定の位置を保っています（図78）。四方から侵入してくる雨と出会い、雨から身を守るための傘を持つという、雨と傘とひろなちゃんとの関係の中で、雨にぬれないために右手を一定に保つ行動が引き起こされたのです。雨が降らなければ、雨の中を傘をさして外に出なければ、成り立たなかった場面です。そのような偶然出会った環境との相互作用の中で、訓練室ではなかなか引き出せなかったような動きを、子どもは自分で経験し獲得していきます。

どれだけ訓練を積み重ねてきたかという以上に、どれだけいろいろな環境と関わり合いながら生活してきたかということが、子どもの成長の過程において大切なことだと考えています。

葉っぱとかたつむり

雨上がりの裏庭を、こうちゃんとお散歩に行った時のことです。自分で移動できないこうちゃんを車の遊具に乗せ、ガタガタと植え込みの中を進んで行くと、右側に椿の木があり葉っぱが光っていました。こうちゃんは、葉っぱに手を伸ばそうとしたのですが、口を大きく開け、手を逆に引き込んでしまいました（図79）。この場面だけを見ると、「ものに手を伸ばそうとすると、まず引き込む動きが出てしまい、うまく伸ばすことができない」というマイナスの評価になってしまうところです。しかしそのすぐ後で、こうちゃんはかたつむりを見つけました。かたつむりを触ろうとして伸ばした時の彼の手は、ふわっと柔らかく、引き込む動きは見られません（図80）。つ

図 79

図 80

まり彼は、手を伸ばせないわけではなかったのです。そっと触るかたつむりと、つかんでちぎる葉っぱ。目の前にあるものが、彼にとってどういう存在であるかによって、手の伸ばし方が変わります。葉っぱに手を出そうとして逆に引き込んだこうちゃんの動きを見て、セラピストは異常な筋緊張だと思う前に、つかんでちぎろうとしている彼の意図を理解する必要があります。何を援助するのか、どういう声かけをするのかは、子どもと環境との関係の中で決まってくるからです。

環境によって引き起こされる子どもの動きは、私たちセラピストの予測をはるかに超えているということを、一匹のかたつむりが私に教えてくれました。

バッタ

裏庭のコンクリートの上に、どこからかバッタが跳び出してきました。まず一人の子どもが見つけ、何だか楽しそうな友達の様子につられて他の子どもたちも寄ってきます。子どもたちに囲まれたバッタは、逃げようとして跳ね回り、その行きつ戻りつする動きを、それぞれの子どもが目で追っています。バッタの動きに合わせて、子どもの体も動き、そしていつの間にか、バッタを中心とした空間ができ上がっていました。最初はバッタと子どもとの一対一の関係であったのが、バッタの動きとバッタの作る空間を共有することで、だんだんと一つの集団になっていくのです（図81）。子どもたちの間を跳ね回るバッタ、バッタが跳ねる度に輝きを増す子どもたちの笑顔、

図81

だんだんと一つになっていく集団。動きも興味の対象も違う子どもたちを、一つにまとめていくことの難しさを知っている私は、あまりにも鮮やかなバッタの技と子どもたちとの関係にしばらく見とれていました。

私たちは、自分の体の使い方をよく知っていて、自分の意思のもとにいろいろな動作を行っていると思っています。子どもの遊び行動も、子ども自身の意思と、それを可能にする運動機能によって成り立っていると思っています。だから、遊びに気持ちを向けることの難しい子どもや、気持ちがうまく動きにつながらない子どもを前にした時、私たちは子どもの動きや遊び環境を操作して、遊びが成立するための援助をしようとします。しかし、手を出すのを少し待って彼らの様子を見ていると、環境は、私たちが意図的に操作しようとするよりもはるかに豊かに子どもたちに働きかけ、それに応えるように子どもの動きが引き出されていることがわかります、子どもたちが自分で決定して行っていると思っている行動の多くが、環境との相互作用によって成り立っているのです。私たちが援助すべきことは、確実に環境に働きかける運動能力よりも、それぞれの子どもが、出会った環境に気づき、柔軟に感じとる能力なのではないでしょうか。

対談
出会いと動きがひらく子どもの世界

佐々木正人　たとえば、一枚の写真だけで三〇分ぐらいはしゃべることができると思うんです。それでいいんだという感じになることが大事なんじゃないかな。簡単にしない方がいいんです。言葉っていうのは人に伝えるためにやはり圧縮されるし、どうしても専門用語になってしまって、それができてくる背後にあった何か、それ自身みたいな何かがきっと出てきませんね。ジェームズ・ギブソン（注）が偉いなと思うところは、彼は視覚の議論をする時にもそれが起こっている場所をベースにして何度も何度も繰り返して「見る」ということを

注…ジェームズ・ギブソン（James J. Gibson 一九〇四～一九七九）はアメリカの心理学者。物と心が一体であることを表現したアフォーダンスという用語をつくった。たとえば、私たちは「細長く、形を変えやすい物」を「ひも」とよび、新聞紙や花を束ねるために、ズボンや着物や帽子が、からだから離れないようにするために、あるいは獲物を捕まえて、逃げないようにしておくために使っている。「束ねたり、結んだり、縛ったり」は、ひもに人間が探し当てた性質で、物にそなわる性質でありかつ物と動物との関係の仕方、つまり物にふれる動物の行動によってはじめてあらわれてくる性質である。これがアフォーダンス（affordance）である（英語の動詞アフォード afford には与える、できるの意味がある。それからの造語）。アフォーダンスは（人間を含めた）動物と、環境（物や他者）との「出会い」を名づけた言葉である。しかしそれは出会いに先行して環境に潜んでおり、子どもの行動を動機づけ、学習が進み、発達が導かれることを可能にしている。セラピーとは、子どもの周囲のアフォーダンスと関わることでもある。

やっていくうちに出てきた何かをもって、議論を始めるという姿勢が一貫していたことなんですね。

専門家が何かを伝えるためには、たとえば理論にマッピングしながらしゃべるといったようにある種のスタイルを作らざるを得ないということはあると思うし、それが悪いというわけじゃないけれども、見るっていうことの経験だけにもとづいて、その醍醐味の中でもっともっときめ細やかなことを伝え合うことができればなぁと思います。…これは言うほどには簡単なことじゃないと思います。たとえば作業療法や理学療法になってしまうとやはりその歴史や理論の中で過去を参照しながらって感じになってしまって、逆に理論もなければ専門用語もないところで、とても具体的な話を問いかけ合い、答え合うということは、専門家にとってはそれを非常に意識しないとかえって難しいことなんじゃないかと思うんです。

今日はこれまで野村さんが見てきたこと、されてきたことをいろいろと伺いながら、こうしたお話自体が何か手がかりになるようなものを記録できればと思います。

それでは、さっそくですが野村さん、この写真について説明していただけますか?

野村寿子　はい、これは最近私が一番気に入ってる写真なんです（図1　一頁）。

この子は虫とか葉っぱとか、そういったものが苦手で、その理由を一般的には「こだわり」や「触覚過敏」といった問題があるのではないかと考えることが多いと思うのですが。そう考える前にとにかく私はこの子を膝の上に抱っこしました。こんなふうに包んであげてこの子とまず一緒に感じることが私のスタイルなんです。

ほら今、二人でダンゴ虫を見てるんです。手の中にダンゴ虫がいるんですね。

佐々木　ああ、ダンゴ虫をね。驚くとまるまるからまる虫ともいいますね。

野村　そうですね。

佐々木　手の上でコロコロころがる。

野村　そうそう。私の勤めているわかたけ園のまわりには細い裏庭があって、そこをぐるっと歩いて散歩してるんです。そこにドクダミが生えていて、でんでん虫やダンゴ虫がいて、そんなものを触ったり見たりしながらずっーと園庭まで歩いてきて、そんな時にこんな場面があるんです。

佐々木　ええ。

野村　以前に障害をもった子どもの遊びの実態を調べたことがあるんですが、自然に関する遊びの経験がすごく少ないという結果が出て。

佐々木　なぜなんですか？

野村　身近にそんな環境があっても子どもは自分から動けないし、大人になってしまった親っていうのもわざわざ自分でそんなところを探索しようとしない。

佐々木　そうか。

野村　自分にそんなことがあったことすら忘れていることが多いですよね。

佐々木　そうかもしれないですね。

野村　春のテーマは「自然」ってことで始めたんですけど、これを始めた頃はあっという間に裏庭を一周しちゃって。

佐々木　ああ。

野村　さっさと一周しちゃって遊具のあるところに行くんですね。

佐々木　うん。

野村　でも今は時間いっぱいかかっても一周できない。

佐々木　寄り道？

野村　そうなんですね。溝に入ったり、しゃがみ込んで土を触ったり、ダンゴ虫を見たり、チョウチョのさなぎがいたらそれを見たりとかしてるうちに…。
佐々木　散歩ってだからいいんだな。
野村　そうそう。
佐々木　この写真でね、この子を膝の上に抱っこして、野村さんの手の上にダンゴ虫をのせているっていう、これは姿勢を共有していると思うんですけど、この抱き方は視覚的です。見ているとこの子はすごく安心しているようだし、この…二人の距離がね、ダンゴ虫との間が同じって感じがするんですね。
野村　子どもによって違うんですね、これが。
佐々木　ああ、子どもによってね…、この子、何歳ですか？
野村　この子は二歳です。
佐々木　小さい方なんですか？
野村　そうですね。だから不安感も強いから、この場合は大丈夫だよって抱き方なんですね。
佐々木　うん、安心してますよね。さっき包むとおっしゃっだけど、手がね、それからこの離れ方なんですね、やっぱりなぁ…。
野村　ええ、きっと私の手はやっぱりここに出てくるしかないわけですね。この子を包みこんで一緒に感じたり見たりするためには…、こういう関わりをすることでわかったことは、この子はダンゴ虫を見て「嫌い」で「恐い」と感じてはいるんですけど、興味ももって近寄っていて、見てみたいとも思っているんだということです。
佐々木　乗り出してますよね、この子。野村さんの膝の上で。
野村　この子の目が、じーっとこうしてダンゴ虫を見つめているところがこの写真のとても好きなところなんです。

佐々木　この子の目といい、乗り出してる構えといい、この子にとってダンゴ虫にどのくらい近づくかっていうことの工夫がある。

野村　うん、近すぎても恐怖感がわくし…。だから、ここではダンゴ虫をいじっている時の反応を感じることができる、いつもその子の反応を見ることができるのが、この距離だったんです。

佐々木　そうだね、きっとこれは。

野村　この子は何が恐いのか、何ができないのか…。遊びをテーマにした時に保育とどこが違うのかってよく訊かれるんですけど、その遊びの場面で何ができて何ができなくて…、できないとすればなぜできないのか、どうしたらできるのかということを考えながら子どもに働きかけ、反応を引き出しながら、その手ごたえで活動を段階づけていく。作業療法士が遊びの中に関わっていける役割はそういうところにあるんじゃないかと思っているんです。

佐々木　この子はどんな障害をもってるんですか？

野村　脳性麻痺で両足に麻痺があります。眼の動きも悪いので、動きのあるものを捉える力も弱いんだと思うんです。

佐々木　追跡がうまくできないってことですか？

野村　ええ。

佐々木　そうすると、その作業療法士としてはどう…。

野村　身体の動きに応じた滑らかな眼球運動を促す、というようなことを治療としては考えるんですが。

佐々木　うん。

野村　普通そういうことは、遊びの中で自然に学習されていくことが多いわけです。障害をもつ子どもの場合さまざまな条件の中で遊びの経験ができなくて、学習されていかないために次々と新しい難しさにつながってしまうと考えています。あたりまえの経験があたりまえに積み重なってないっていう大きな問題がある…。

佐々木　それで、一般論として、セラピストの振舞い方としてという意味なんですが、そんなふうに考えた上で何とかしようとするのがね、ある意味でセラピーだというような考え方もあるわけでしょ?

野村　…むしろ、環境の方のことをどれだけ知っているかっていうのもあるかもしれないですね。その…、セラピストが子どもについての何かを考え出すということ以上にね。タンポポはどんなふうに飛ぶかとか、光はこうしたら眩しいとか。

佐々木　あっ、そうかそうか。つまり、タンポポならタンポポとの関わり方の多様性を知っていればバリエーションが制約される。偶然に任せているような感じになってしまうけれども、そこで単なる偶然じゃなくなる。…たとえば、光ならどんなことを思いつかれますか?

野村　ただ単に眩しいっていうのもありますし、影踏みとかはよくしますよね。それから、暑い日にパラソルを立てて遊んでいて、そのパラソルを動かした時に光が入ってきたりとか、影で暗いところと明るいところが偶然にできたりすること。そういうことに子どもたちは、ハッと気づくんですよね。それこそプールとかで、キラキラ水が輝いているのとかっていうのもきれいですよね。

佐々木　うん。

野村　それでそういうものを見た時に、この子たちはどんなふうにこのことを感じるのかなって思うんです。どんなふうにしたら感じることができるかなとか。その思いを共有したいなあって思うんです。だからタンポポでも、「あっこんなところにタンポポがあるよ、見て見て」っていう気持ちで関わっていますね。

佐々木　うん。

野村　自分のものとして、その周りにあるものをとらえるっていう時に、からだの動きが必ず伴いますよね。その子が持っている動き、感じ取れる方法、そういうものと環境との関係をどんなふうに把握できるか。この子にとって、この花を感じるためには、匂いで入った方がいいのか、視覚的に示した方がいいのか、触った方がいいのか、ちぎるっていう運動を伴った方がいいのか。どんなふうに関わっていくことが、その子にとって花を楽しむことにつながるのかというところでは、かなりこちらが選んで提示しているというところがあります。

佐々木　野村さんのお話で強く感じることは、あなたは子どもだちといる場所の偶然の力を信じている、でもあなたは職人として、いやこの場合は作業療法士としてなんでしょうが、十分に準備をする。偶然が起こることについて目配せはしているし、偶然を偶然と思わないくらいかなり何かを知っている、でも知っていながらそこで起こることは偶然なんだって思っているところがありますでしょ？

野村　ありますね。私はここにいるだけでいいっていうか…。

佐々木　うん。

野村　私がそばにいて。子ども自身が自分の位置が今どこにあるのかということがわかっていることが、安心して環境に関われるベースになるんだと思うんです。常に周りとの接点をどこで持って、そのことで自分を確認できるかということが、私が援助している子どもの遊びの中でもすごく重要なんじゃないかなと思います。

佐々木　うん。

野村　あなたは今ここにいたらいいのよって、背中を触っているとことで子どもが安心しているとか、顎を持ってあげることでその子がそこに落ち着いていられるとか。それでその時に私がどこを見ているかといえば、環境とその子が接している面ですね。子どもが環境とどこでどんなふうに接していて、その子がどんなふうに感じるかという部分。それは身体じゃなくてその呼吸かもしれないし、空気の流れとか風とかかもしれないんだけど、その部分に安心してつながることのできる子どもがいて、それを支えるためのセラピストという関係があると思っています。

佐々木　今日は子どもたちを撮ったビデオを持ってきてもらってますから、それを見ながらお話しましょうか。

野村　そうですね…。これは園庭の裏の散歩ですね。そこでバッタを見つけたんです。

佐々木　ああ…、バッタを。

野村　ええ。作業療法士は身体のコントロールや姿勢なんかすごく見るところがあるんです。その子の目や頭の向きや姿勢と手、という具合に。で、バッタが現れた場合、子どもたちのそうした目線や姿勢がきっちりと一つの方向に向いていますね。

佐々木　面白そうですね、これは。

野村　とっても面白いんです。

佐々木　バッタは飛び方が一回一回違うし、飛ぶ方向も意外に予測できない。つまりこうしたらこう動くということがわからないしね。

野村　予測できないことが面白い。

佐々木　自分にぶつかってくることもあるから、恐いから逃げつつ…。

野村　来てほしいような恐いような…、そんな感じなんですね。
佐々木　こんな感じって…、まあ豆腐みたいなものをみんなでお互いに手渡しし合うっていうようなことをやればね、近いのかな…。
野村　豆腐？
佐々木　いや、豆腐じゃくていいんですけど。
野村　豆腐は動かないですよね。
佐々木　はいはい…、そうだね。
野村　それから、チョウチョやセミと違うのは、見えるところに止まってくれるし、追えるんですね、目で。だからバッタ遊びは長く続くんです。
佐々木　ああ、そうか。
野村　それで子どもたちが寄ってくるんですね、バッタにつられて。
佐々木　そうか、そうだね。
野村　それがすごく面白くって、すごいなあって…。
佐々木　ほら、子どもたちのバッタの触り方、どの子の手もやっぱりバッタをつかむ手になってますね。
野村　ひっかかりがあって、ちくちくすることがわかってきてね。
佐々木　絶対つぶさない触れ方、つまみ方っていうか…。
野村　可哀相なのか、こわごわそれに合わせていくうちに決まるのか…。
佐々木　ちゃんと合わせるんだね。
野村　盛り上がっているでしょ？
佐々木　何かこういう壊れやすいものをみんなで共有する時って、何かぐっと浮かび上がってくるものがありますね。

野村　そうですね。

佐々木　すごいやつですね、バッタってやつは。

野村　そうなんです。で、こういう場面で私が何を見ているかと言ったら、バッタ見てるんですよね。バッタが次にどこに行くか、どう動くかって。

佐々木　このぐっと集中するって感じ、バッタですよね、どう見てもここのテーマは。それと、この壁ですね。子どもたちとバッタと壁はすごく重要ですね。何かね、バッタが作る空間がありますでしょ？

野村　子どもたちはそれぞれが、自分に合わせてバッタを感じながら、みんなでバッタを共有してる。

佐々木　うん、バッタの脚力に依存して、だいたい我々はそれを見て近寄りますね。顔にぶつかった時にあんまり激しく衝突しないぐらいの距離をとりながら、ある空間を作りますね…、円形の。それからバッタの跳ねる時間みたいなものがありますよね。これはノミだったらまた違うだろうし。もっとゆっくり跳ねるものだったら違うだろうし。

野村　不思議だったのが、この子たちの目線が動きながら一つになっていくっていうところ。

佐々木　ええ。

野村　あの、姿勢のコントロールが難しい子の場合、視線が動くと姿勢が崩れるからそこで切れちゃうことが多いんですね。それが…、このバッタの動きを追うことでだんだんと寄ってくるっていうのがすごく不思議で。

佐々木　ああ…、何ですかね、それは。

野村　行ってしまわないからですかね、バッタがこの空間の外に…。

佐々木　うん…、最初は予測できないバッタの一跳ねだったんだろうけど…、何かみんなの注意が一つに集まってくるということかな…。

野村　うん、この空間というのが広すぎず、狭すぎず…、子どもたちにとってね。バッタがいなかったらそうじゃないでしょうね。

佐々木　これはだけど、実は野原にいるバッタはそんなものはもっていないわけで、この四人の子どもに囲まれてバッタが作ってしまった時空っていうのか…。

野村　ああ…、カメの動きだとここまでは盛り上がらない。カブトムシでもやったことありますけど。

佐々木　どうですか？

野村　うーん…、やっぱりバッタですね。

佐々木　バッタですか。うーん。何ですか、そのバッタ性というのは？

野村　跳びはねる…、思いもよらない…、予測がつかない…。壁がなければバッタにも逃げ道ができて、子どもたちの遊びとしては成立しないでしょうけれど。

佐々木　さっき言った空間の話なんですけどね、僕はそこに前兆の見えがあると思うんですよ。完全に突然でもないと。本当に世の中のバッタが予測できないくらい偶然に動くんだったら、誰もつまんなくてバッタ採りやらないと思うんです。

野村　ああ、そうですね。

佐々木　だからこれはやっぱり、あわい（間）じゃないですか。にらみあいなんだ。みんなで小さな動物いじめてるみたいな場面でも、こんな集中と分散ってありそうな気がしますね。

野村　そうですね。

佐々木　…これ、バッタを取り囲む形になったのは偶然なんですか？

野村　遊びの場面で、確かに自分の中で、ここに壁、ここに溝があって、ここにはでんでん虫、ここにはダンゴ虫がいて、タンポポが生えてていうのはいつもの散歩で確認はしています。だから子どもたちがこういったことになるんじゃないかというある程度の予測はあるし、意図してそれを提示していくこともあるんですが、…でもまあ、偶然のことが多いですよね。この場合、もしあるとすれば子どもの目線と子どもがバッタをとらえることのできる距離感でしょうか。というのは、私はこの場でここに座ったのは、バッタとの関係の中である程度意識してやったことかもしれないですね。でもそんなに意図してやったことじゃなくて、バッタと子どもの目線とか動きとの様子を見ながらここに座ったら、取り囲む形になっちゃったという方が大きいかもしれない。

佐々木　だからこの壁がないとこうはならないでしょ、たぶん。

野村　野原の中のバッタとか？

佐々木　そう。すぐ逃げられるところだとこうはならない。

野村　野原のバッタは違うんですよね。

佐々木　どう違ってきますか？

野村　草の中をじっと見てると、だんだん目が慣れてきて、草の上のバッタが浮かび上がってくるのを見つけてハッとする感じですね。

佐々木　パッと動いた時にバッタがわかる。

野村　そうするとまたもっと面白くなってきて、そんなふうに広がっていく。

佐々木　ああ、わかります。

野村　カタツムリだったら、また違うことになるんです。

佐々木　どうなりますか？

野村　覗き込むっていう行為。そうしたらもう子どもとカタツムリだけの世界になってしまって、ここに友達と一緒のこんな空間はできないんですね。
佐々木　ああ。
野村　それぞれの子がカタツムリとの関係で閉じちゃうんです。
佐々木　バッタの場合は？
野村　バッタはその先に友達がいるし。なんていうのか、常にそのバッタが他のものとの関係の中で動いているから、その子の目線も他のものとの関係の中で戻ってくる。
佐々木　そうかそうか。…あの花火でね、何て言いましたっけ、こうシュッシュッシュッっていう…。
野村　ネズミ花火ですか？
佐々木　そうそう。そのネズミ花火みたいなものだと、あれには意図がないからとにかくどこかに行くわけで、それ見てる方はどっちに来るのかな、自分の方に来たら逃げよう…なんて、そんな知覚ですよね。
野村　うん。
佐々木　でもこのバッタの場合には、こいつが逃げ道を探している。
野村　うんうん。
佐々木　バッタが作ってる空間なんだね、何かバッタ独自のね。
野村　うんうんうん。
佐々木　それで思い出したんですけど、うち今ハムスター飼ってるんですけどね、あれは深夜起きてます、夜行性ですから。あれはケージのわずかな隙間から眺めたり…。
野村　ええ、ええ。

佐々木　ケージの間から葉っぱをあげるとか餌をあげるとかね、そんなことになりますね。あんまり外に出して遊べないというか。

野村　そうですね。

佐々木　一度逃げちゃって冷蔵庫の下に入ったもんだから（笑）。

野村　どうなりました？

佐々木　冷蔵庫を動かして、二日かかって戻しました。

野村　あはは。

佐々木　だからハムスターもバッタと違うわけなんですね…、カタツムリとも違う…、こちら側の構えがね。これがもしボールだったら、バレーボール、バスケットボールみたいなものになったら、残念ながらルールみたいなものについて知識があるから、つまりこのボールではこう遊ぶっていうようなことを僕らはわかってしまっていて、そんなボールの使い方をする。

野村　はいはい。

佐々木　それに飼育になっちゃうとね、なんか生態観察になって。

野村　それとは違うんですね。

佐々木　そう。虫によって動き方が違うっていうところでね、その虫のもってる動き方でもって子どもの集団のでき方があるっていうのは鮮明ですね、確かに。

野村　みんな、発達段階はばらばらで揃ってないけど、一匹のバッタを共有してそれぞれの中で育っていくっていう感じなんですね。

佐々木　うん。

野村　みんなが何かに気づいている、気づいたら後は子どもたちが遊びを広げていってくれるっていう。

佐々木　そういうことじゃないかな、特に動物とか生きてるものの意味って…。さっき言った時間と空間って、跳ね方とか飛ばせる距離とか、どれくらい確実にコントロールできるのか、逆にできないのか。これは子どもの年齢によっても違うと思うんですね、確かに。でも共有できるスペースみたいなものを一つの虫はもっているのかな？

野村　もってますね絶対に。

佐々木　…このバッタはすごいやつですよね。

野村　うん。

佐々木　子どもの遊び道具のリストにバッタも入れないとだめですよね。ちょっとこの場面を巻き戻してみて、最初からバッタと子どもの関わりを仕分けして言ってみませんか？　僕らのボキャブラリーが試されてしまいますけどね（笑）。

野村　やってみましょうか（笑）。

佐々木　…はい、ではまず、「見る」「這う」

野村　「指さす」

佐々木　「指先で触れる」それとも「指さきで触れようとする」？

野村　そうですね。

佐々木　「遠くから見る」これはこうへい君だけね。

野村　「喜ぶ」

佐々木　「近づいて、離れる」

野村　「見続ける」

佐々木　「つかまえようとする」「先生を見る」「覗き込む」「触る」

野村　行きつ戻りつですね。「払いのけようとする」「ちょっと恐がってる」

佐々木　「恐いけどつかむ」「後ずさる」

野村　でもまた「近寄る」「手を払う」何度も何度も。

佐々木　「激しく払う」「足をつかまえる」これは、ゆうちゃん。

野村　ああ。「ゆうちゃんを見る」「触ろうとする」「つまむ」「逃げる」

佐々木　…伸縮、弾性…。

野村　揺れ…。

佐々木　…いろんなことが起こってますね。

野村　こうやって言ってみると、あるもんですね。

佐々木　野村さんのまわりでこういう感じでバッタのすごさをしゃべり合える先生って、けっこういます？

野村　けっこう仲間にもしゃべるんですが。野村の芸風だって言われますけど（笑）。

佐々木　でも、その楽しさは人に伝えたいですよね。その楽しさ加減が伝われば、面白くなるんだもんね。

野村　そう、このバッタのこんなところがこんなにすごいのよって自分が思っていることを、子どもに伝えたいっていう働きかけになるんですよね。その環境の中で子どもをどうしようっていう働きかけじゃなくって、「このバッタのこんなところが面白いけど、これどう？」っていって、それが駄目だったら、「じゃあバッタのこんなところもあるけど、これは？」とか、「私の好きな葉っぱっていうのは、こんなにこんなにあるけど、こうちゃんはどれが好き？」っていうような。そういう出し方だったら、どこか引っかかるところがあるんですね。一回引っかかったらそこから子どもは必ず動き出すし、そのことは仲間に伝えたいと思う。

佐々木　…さっき写真を見ていて散歩っていうことをおっしゃったでしょ？

野村　ええ。園の周りをぐるーって回るんですけどね。

佐々木　寄り道が増えてね。

野村　そうそう。

佐々木　散歩のビデオ、ありますか？

野村　ええ…ちょっと細切れになりますけど。

佐々木　それ見てみましょう。

野村　はい。

佐々木　これは？

野村　そう。こうへい君ですね。園の裏なんですけど、ここもぐるーって回っていくんです。

佐々木　エアコンの室外機ですね？

野村　はい。私が見てるのは、この手ですね。ここ。室外機と接してるところ。この子がどこで室外機に気づいて感じてるか…。

佐々木　覗いてるね…、叩き始めたのは？

野村　一緒にいる保母さんです。

佐々木　…さっきみたいに、僕なりに探らせてもらうと…、最初、右手でもたれかかって、次に左手、右手、左手と、保母さんの手を離れて自分でしゃがんで、覗こうと…、隙間を覗く…、指を入れようとする…、叩く…、保母さんも叩く…、叩き合う…、まだ見てる…、叩く…、覗く…、座る…、うーん。

野村　ビデオ止めますか？

佐々木　ええ…、知ってか知らずか、こうへい君も保母さんもすぐに室外機を叩きましたね、叩きながら覗く…、覗きながら叩く…。この室外機はどうなんですか、遊びとしてはいつもあんな感じなんですか？

野村　保母さんに手を引かれて初めて見た時の動き方と、回を重ねて最後の方で知ってて動く時の動き方では、違うんですよね。最初はあんまり好きじゃなかったのが、最後の方では「よしよし、いたか」っていう感じでポンポンと偉そうに叩くんです。それは時間の流れの中でできあがってくるものだから、たぶん、最初から最後の反応を求めようと思っても失敗するし、最初の関わりを最後の方でやろうと思っても、子どもは物足りなくなって面白くないと思うんですよね。

佐々木　うん。

野村　これはきっと、プログラムとして、その最後の方に到達しようと予測してそこへ持っていこうとしても、意図してできるものじゃないですよね。これは時間の流れと環境の変化が子どもに引き起こした反応なんだって思いますし、それにセラピストは勝てないですよ。

佐々木　うん。

野村　ビデオ流していきましょうか。

佐々木　そうですね。

野村　…雨の日の散歩です。傘をさすのが大変なんで大きなパラソルを用意したんです。あのキャアキャア言っている子がね、不機嫌になる理由が最初よくわからなかったんですよ。でも、たまたまバチッてその時にやってたことがあの子の中に見えた時、「うん、わかった」っていう時は静かに感じているんですね。

佐々木　うん。

野村　この二人は、すごく雨を感じにくくいつも時間の最後の方にやっと笑顔が出てくる子どもたちなんです。これは上からボタンと落ちてくる水を身体に当てて遊んでいるところですが、すっごく喜んで。

佐々木　ああ。

野村　たぶんすごく急激な感覚刺激なんです。予測できないような。ハッとするような水なら感じ取ることができて面白いなって思ってる。それがこの日にわかったんです。

佐々木　たまたまね。

野村　そうなんです。このビデオじゃよく撮れてないんですけど、すごく喜んで。

佐々木　そんなことってよくあるんですか。

野村　もちろんあります。で、瞬間瞬間は感じ取って「あっ、知ってる!」って二〜三分楽しんですごくいい表情をする…、でもその流れの中で持続しないっていう、つながっていかないっていう難しさもありますが。

佐々木　それは僕もこのビデオ見てて感じたんですね。遊びが断片化してるっていうのか。子どもがその瞬間を感じてるところは一種の高みだろうと思うんで、なおさらそう感じるのかもしれないけど。

野村　あの…、この散歩の場面もそうなんですけど、環境がもってるものをいろいろ考える時に、たとえば穴があったらこういうふうに何か入れたくなるだろうとか…。

佐々木　ええ。

野村　水たまりがあったら子どもたちはきっと入りたくなるだろうって思ってても、最初は入れないいんですよね、この子たち。

佐々木　なぜなんだろうか？

野村　そこに何かあるのかなって考えていて…、たぶん、そこには動けない自分みたいなものがね。

佐々木　うん。

野村　うまくそこに関われない背景にあるこの子たちの自分のイメージとか、関わるために必要な動きが自分から出せないっていうこととか…。

佐々木　たぶんそれは、この子たちの身体と関係しているんでしょうね。身体というか、注意の仕方なのかな？

野村　子どもたちの中でですか？

佐々木　うん。

野村　たぶん…、それしか見えなくてそれしかしないのと、いろんなことがまわりにあることを感じてての中で何かしているのとは違う…。

佐々木　…ビデオ見てると、さっきの女の子、首が座っていなくて野村さんが首のところをサポートしながら抱いている…、あの子も注意が移っていくし、自分でも注意を向けてる場面と、それがうまく取り持てない場面ってありますよね。それがさっきから気になってるんですね。

野村　こういう子どもと接する時に迷うのは、こっちが積極的に動きを作っていこうと思えば作っていけなくもないだろうと思うんですけど、ただ…。

佐々木　ええ。

野村　途切れて固まったままのこの子が自分で動きだすまで待てるか、みたいなことがありますね。

佐々木　待たないでこっちから動かしちゃうかどうかってことですね。

野村　そうそう。だから…、この子が生活の中でいろんなものを受け止めてほしいと思う時に必要な運動機能とこの子のもっている運動機能との間に、すごく大きな開きがあるんです。

佐々木　うん。

野村　そこまで考えて、それでも待てるのかってことですね。

佐々木　さっきの場面ではどうですか？　自分で動きだしましたか？

野村　まだです。気にはしてるんです。それはわかる。

佐々木　今、運動に問題がある子どもの場合、周りにあることとずれが起きるっておっしゃったでしょ？　そういうことですよね？

野村　ええ。

佐々木　その辺に大人の目とか手がどんなふうに介入しているのかってのは、一つのポイントじゃないかと気になっているんですね。野村さんは子どもの首をこう持ったり、なんていうかある種、何か子どもの動作が次々とつながっていくような時の、その接続のきっかけみたいなものを作ったりするわけですか？

野村　手を出すとは限らないですね。ずれがあるとしても、だから遊べないかっていったら、それとこれとは別の問題だと思う。

佐々木　さっきカタツムリが出てきましたけど、この日にカタツムリとこういうふうに遊ぶっていうのは最初から意図されていたんですか？

野村　雨が降ったらいるだろうなっていうぐらいですか。

佐々木　ああ、その程度ですね。それは別にこの子どもたちの身体の状態から発想したわけじゃなくってね、…あの手を出そうってことを最初から意図してるというわけじゃなくてね。

野村　さっきの話なんですけど。どこまで手を出すか、どこまで待つのかっていうことは本当に難しい問題だと思うんです。

佐々木　うん。

野村　さっきのバッタのビデオ。バッタとそれが作る空間があるから子どもたちが動きだしたということは確かにそうだと思うんですけど、環境があって子どもがいても、それでも動きにならないっていうところ、そっちのことを今思ってたんです。

佐々木　散歩っていうのは繰り返しのところがあるわけですよね。さっきのこうへい君の場合、ビデオでは七回目だという。

野村　ええ。

佐々木　その繰り返しの積み重ねはもちろん目に見えてくるわけでしょ、さっき見たようにね？

野村　そう、「あ、これ知ってる、知ってる」ってね。

佐々木　気づくことが多くなってくる…。

野村　知ってるバッタ遊び、知ってる室外機、知ってる裏庭…。

佐々木　それはこの散歩で持続して育ってきたものと言っていいわけでしょ？

野村　動ける自分を知ってるっていう安心感っていうのかな…。だから、この遊びの場面で気づいたこと、できたことは、違う場面でのできることにつながっていくし、その子の自信につながっていくんですね。そんなことはいつも考えてるし、遊びの中ですごくはっきり見えてくる。

佐々木　僕がさっきから気になってたってところはね、その…、その子がこんなことができるようになった、散歩の中で繰り返すことでこんなことに気づくようになった、こんな動きをし始めたなっていうところではなくて、身体だけというか、運動の障害に注意を向けることは当然ありますでしょ？　それがご専門だし。その部分はきっと誰からも聞かれるところだろうと思うんですけど、野村さんはどういうふうにそれを遊びに重ねているんだろうか？

野村　うーん。一つ言えることは、訓練の場面では絶対に出てきそうにない動きとかその子の行動がね、遊びの場面で出てくることが多いんです。この間、ある治療の場面で歩行器使って歩行訓練している子どもがいたんです。機能的には介助されて歩けるだけの能力はもっているということで。だけどその子、散歩の場面でね、立ちすくんでしまうんです。手術もして、歩く訓練に費やす時間はものすごいのに、遊びの場面では行きたいところに行けないというのは、何なんだこれは一体って…。

佐々木　それは、場所の問題なのかな…。

野村　それで私は、この子は行きたいところに自分で行く経験をしてないんだな、そういえば行きたい時には抱えて連れて行ってもらっているって思ったんです。だから公園に散歩に行った時に、あの、太鼓橋ってあるでしよ？　公園のすべり台にくっついている丸く曲がった橋？

佐々木　ああ、ありますね。

野村　私、その子抱えてその太鼓橋を登ったんですね。かなり急な橋だから、私自身踏ん張るのが精一杯だったんですが…。

佐々木　うんうん。

野村　もう落ちるのがわかるでしょ、その子も。自分がすっごく大変な状況にいる、この先生も信用できないぞってことがもう肌で感じるわけですよ。

佐々木　うんうん。

野村　そしたらその子、足を踏ん張るんです。それでどっかに行かなきゃって足に力がこもる。園の土の上だと「ひゃあ」とか言って足を曲げてしまう子が、そこではぐっと踏ん張って足を出してくるんですよ。その足をお母さんが少し介助すると自分で足を動かして、とうとうみんなでその太鼓橋を登ったんです。

佐々木　すごいなあ。

野村　怖いから、しゃんとするっていうか、そういう状況の中で起こってくるその子の運動機能の高まりはすごいですね。遊びの場面で、子どもはそんなことといっぱいやってるわけです。機能、機能って意識しないで。

佐々木　うんうん。

野村　だから本当に、遊びが子どもの動きを引き出す力はすごいなって。

佐々木　でも何でそういうふうにいかないんだろうか?

野村　他の場面でですか?

佐々木　いや、他のセラピストが。

野村　ああ、きっと難しいでしょうね。公園の中でそんなことしようとすると。

佐々木　ああ。

野村　だからといって病院の中にブランコ吊ったらいいという問題でもないと思いますけどね。

佐々木　うん、きっと違いますね。

野村　不安感とか緊張感っていうのはすっごく大事な要素だと思うんですね。治療場面って何か課題を与えられて、それができないとつらい思いはすると思うんですけど、じゃあ自分はどう動いたらいいだろうかって自分で考えるような場面はほとんどないわけです。

佐々木　ええ。

野村　でも、たとえば、公園に散歩に行った時に急に雨が降りだしてきたことがあって、傘も持ってきてない、園に帰るのには一〇分歩かなければならないっていう状況の中で、子どもたちがすっごく不安な表情で、いつもは自分一人で座ったことがほとんどないような男の子がこうやって一人で座っているんですよ、どうしようって。それで、うちの保母さんが合羽着て自転車で傘をいっぱい持ってきてくれた時は、すっごい嬉しそうな顔しててね。

佐々木　うんうん。

野村　本当にどうしようもないときの不安感っていうのは、ちゃんと表せるんですね、子どもたちは。大変だから自分はこれをしておかないといけないっていうことは感じ取って、ちゃんと精一杯の行動として表せるんです。それがあまりに守られすぎた生活の中で非常に少なくなってるから見えにくくなってる。きっと偶然的な遊びの場面であったから私も気づけたと思うんですね、そんなことに。

佐々木　この場合そうなのかは自信がないけど、何か自分が将来どういうふうに生きていくかっていうことを考える時に、そのイメージって、どこでどんな生活をするかっていうこと抜きにもてない気がする。それなりの自分というか、自分の自信をもっている肯定的な場面というかね、そんなものがないと将来ってイメージできないような気がしますね。

野村　私もそう思うんです。その子には確かに弱い部分があるだろうけど、生きていかなければならない、それに関わろうっていうことなんだから、何か生きていく時の手掛かりというか…、こうすればできるんだという自分を確認させてあげる作業がいるんじゃないかと。どうしても動けないからできない、だから動けることを援助しましょうと。そのことがスムーズにできて、なおかつそこまで待てるのならそれは構わないかもしれないけど、実際には、一番障害のある部分に焦点を当てて、そこの治療をして、周りの親もそのことが回復することがすべてだと思っていたら、もう落としていく部分がすごくたくさんある。

佐々木　うん。

野村　むしろ他の部分を手掛りに、あたりまえの生活を繰り返しながら、それでも弱い部分を伸ばしていけるのであれば、あたりまえの遊びにはそれだけの力があるんじゃないかって、私は手ごたえを感じているんですね。

佐々木　それは信じていいですよ。

野村　信じてます。

佐々木　またビデオ見せて下さいね、今度お会いした時に。

野村　はい。

（終）

増補対談
『遊びを育てる』その後の世界
椅子をめぐって

「次に行こう」という瞬間

佐々木正人　「椅子って何だろう」という話を、今日は伺いたいと思います。年齢を重ねるとともに椅子は本当に、だんだん「悩みの種」のひとつになってくるからです。さて『遊びを育てる』を出版された後に野村さんは、勤務されていたわかたけ園（肢体不自由児母子通園訓練施設吹田市立わかたけ園）をお辞めになりましたね。

野村寿子　「次に行こう」と思うタイミングがあって、いままでやってきたことをまとめて表現した時に次のステージが見えてくることが多いのですが、この『遊びを育てる』を書いた時も、子どもの育ちの過程で大切なことは「障害があってもなくても同じ」ということがはっきりと見えた。だから純粋にそれを表現する場に身を置きたくなったのです。

例えば、見たり聴いたり触ったり、動いて気づいて感じてまた動いてその繰り返しの中で私たちの生活は成り立っているということ。一つ一つの関わりに意味があり丁寧に関わりを援助することができれば、世の中がもっと楽しく見えてきて、嫌いだと思っていることも、好きになれるかもしれないということ。そういう出会いと気づきの豊かさが生きる力に影響するということ。そして生きる力をはぐくむ為の重要な本質的なことというのは障害があってもなくても一緒だということ。『遊びを育てる』をまとめながら私が気づいたそういうことを障害の枠を超えて伝えたいなぁと思ったんです。

そして私が表現したいことは、「障害者手帳を持っていて、こういう障害のある人で、何歳まで」というような公的な福祉の枠組みの中では難しいと感じたんです。四〇年ほど前にほとんどの医師が目を向けようとしなかった障害児・者の医療に飛び込んだ父がいつも言っていたことが「気づいてしない奴は、気づかない奴より悪い」という言葉でした。父は気づいたから、白い巨塔を敵にまわしても動いた。だから私も動かなきゃって思って。

もう一つ父がよく言っていたことが「専門性は日常に生かしてこそ意味がある」という言葉です。父が、高い専門性を持って日常にそれを役に立つ形で表現することが最も大事で、それができるのが作業療法士なのだと言ってました。だからわかたけ園を辞めて次へすすむ私の判断は間違っていると思えなかったのです。多くの人には、間違っている、理解できない、やめるべきではない、と言われたのですが…。バブルがはじけて、公務員の価値が一番高いときに。

シーティング専門店に至る

佐々木　無謀だと。

野村　そうです。二〇年前の当時は全く新しい試みだったし何の形も保証もなかったので「何をしようとしているのか、あなたのことはよく分からない」と言う人がほとんどでした。父の事をよく理解していた母だけは、仕方がないなぁと思っていたようですが。

その頃に、佐々木先生にお誘いいただいて、イギリスのエジンバラで開催された国際生態心理学会に行ったのです。ダウン症の子どもの食事についてスプーンと食べ物と器というテーマについてポスター発表したのですが、佐々木先生が次々、大御所の先生方を連れてきてくださって、皆さんとても嬉しそうな表情で私の話を聞いてくださったことも前に進むエネルギーになりました。そして、次のステージである会社の名前をジェームズ・ギブソン（対談部分一〇九頁・注を参照。また『新版アフォーダンス』（岩波科学ライブラリー）、『アフォーダンス入門』（講談社学術文庫）共に佐々木正人著も参照）にあやかって、ピーエーエス（Perception and Action Space）にしたのです。そういう意味で、佐々木先生にも大きな影響を受けています。

二回目の「次に行こう」は六年前に高知で私が講演する機会をいただいた時です。「遊びと姿勢とリハビリテーション」というテーマで話をしました。わかたけ園を辞めてからその時点までのことをまとめることで見えたことは、やはり障害があってもなくても体の仕組みは同じで、みんなそれぞれの辛さを抱えていて、同じように快適になることができる、ということでした。それで、フロアからの「次に向かうところは?」という質問に、「私の専門性を障害のない一般の人にも使えるものとして表現したい。」と答えたんです。そして次の年、私はピントという椅子の上に置くだけで姿勢が整うクッションを作って、一般市場に向けて販売をし始めました。

その次が、半年ぐらい前に私たちが所属している車椅子シーティング協会の総会・シンポジウムに呼んでいただいて、「海外で活躍する私たちの仲間たち」というテーマの中でお話させていただいた時です。いろいろ福祉の制度が変わろうとする流れの中で「自分の強みを見据えて、決断して前に進むこと」が大事なのではないかという話をしました。その時に、「私の強みって、いったい何だ?」とあらためて考えてみると、オーダーメイドシートをつくることだったんですね。そのオーダーメイドのシーティング技術に私は「誰にも負けない」というプライドを持っていると思ったときに、それを具体的に表現できる場をつくりたいと考えました。それがこのシーティング専門店PINTO SEATING DESIGN HISAKO NOMURAを作るきっかけになっています。

媒質としての椅子

佐々木　『遊びを育てる』というかたちでまとまった本のために何度も行われた対談で、野村さんが「わかたけ園」で撮映したビデオの、比較的短いシーンを見ながら、いったいそこで何が起こっているのか、子供の全身、視覚、手で、周囲のなにを見ようとしているのか、何を探ろうとしているのかというのを、しつこく話し合いました。

『遊びを育てる』（協同医書出版社版）はバッタの絵が表紙にあるけれども、バッタというのがどんなに特別でユニークな対象なのか。それを見て関わるために、子どもが注意を広げるためにどれくらい多重に身構えているのかという話をしていただきました。私は、野村さんという方は、観察することにおいて、天性のすごさがある人だなと思いました。野村さんは、おそらく見る力をそのまま深めていって、椅子をかたちづくるためのプロセスに落とし込んで、ついに誰のものでもない、障害のあるひとりの子どものための椅子をつくったわけです。

おそらくは、バッタを見る子どものからだについていくらでも長く語れるセンスで、椅子と障害を持った方の身体と、その方のそのときどきの意図と、その周囲、家庭での活動というのをつなげていくというふうに、きっと一つの筋を見つけられたのではないかと思います。そういう展開に、あまり矛盾はなかったような気がします。

野村さんのからだが関わって障害のある方との媒介になるのではなく、もっと持続的に、ずっとそばにいる椅子という形で存在するモノを発明した。環境と身体の間にそれを差し込む、静かに置く、そういうメディア…。生態心理学で言う媒質に近い、まるで空気のように。そういう人工物として椅子を発見するというのは、すごいことですよ。

椅子って、基本的に万人のものじゃないですか。人間工学的にいえば平均的な人間を想定してつくられてきたモノでしょう。イベント（出来事）も限定されていますね。「これのための椅子」というふうに。でも、HISAKO NOMURA の椅子というのは、おそらくイベントはとことん多様で。そのへんが全然違う。

野村　そうそう。体格のいい人も小柄な方も、みんなが座ると気持ちいいと言ってくれて、それが「なぜなんだ」とよく聞かれるのですが、私がつくっているものは「手がかり」なのです。自分の体を自分で探る手がかり。例えば、お尻の後ろのところをしっかりと支えられたい人は、骨盤の支えの部分が気持ちいいし、もたれたときに肩を意識する人は、肩甲骨の部分が気持ちいいし、大きく息をしたいときには肋骨の支えが気持ちいい。みんながそれぞれ自分の骨の置き場所を探すわけです。そして椅子は「好きなように気持ちよく使ってくれたらいいよ」というスタンス。座る人が自分の好みの使い方で自由に利用することのできる手がかりを散りばめているという感じです。

生活するということは、常に体の動きを伴うわけで、だから動きながら利用することのできる支えが備わっているわけです。それに対して、おそらく人間工学的な観点で絵を描いてつくるやり方というのは、その座っている姿勢を静的なものとしてとらえて快適な角度というものを割り出している。

動きをつくる椅子

佐々木　人間工学では、まず「よい姿勢」というのが前提にありますね。

野村　そうです。

佐々木　でも、「よい姿勢」なんか、ずっとやっていられないですね。

野村　そうなんです。だから、動いて、崩れて、だけどまた正しいところに戻れて、正しいところは動きやすいところでもあって、正しいところから動きはじめると、機能的に楽に動けるとか。作業療法士というのは生活に必要な動き、つまり食事や着替え遊びや仕事など活動するためのリハビリテーションを行う専門職なので、姿勢というのは常に動きの中にあって、動きを前提としない姿勢を作っても長続きしないということはあたりまえのことなのです。でも、そういう発想で作られた椅子は世間にはなくて。私は椅子と人と生活動作の関係がうまくいくと体は楽になるし、元気になるということを障害を持つ人の椅子を作り続けて見つけることができたんです。だから私の作る椅子は人の身体と生活動作の専門家である作業療法士だからこそできる椅子です。

佐々木　いま野村さんが作った椅子に座らせていただいていますが、まず圧倒的に、楽です。ほっとしますね。

野村　これが一般に市販されているような座面と背もたれが平坦なウレタンでできているソファに座っていたとしたら、もっともっと姿勢を変えていると思います。それは、体に違和感を感じるからですね。どうしたら楽になるかなと、常に体が探しているけど見つけられない。

佐々木　椅子と体の格闘ですね。

野村　常に体は快適さを求めて闘っているのかもしれない。でも私が作るピントを使うとほとんど動かずに座り続けることができるんです。ショッピング番組の中で定点カメラを用いて普通の椅子の時とピントを敷いた時との比較実験を行ったのですが、ピントを敷いた時は、驚くほど動きが少なくて、作業に集中できている。

自分で問題を解決する椅子

佐々木　ずっとじっとしていられるわけですか。

野村　そう、不快感がないと、じっとしていられるのです。リハビリテーションの現場において、例えば筋緊張がすごく強い人というのは、「そういう特徴の障害を持っている」と理解されることが多くて、その緊張をどうコントロールするかがリハビリテーションの技術の問われるポイントになるわけですけど、私の理解の仕方はちょっと違うんです。脳や神経の問題という前に自分で解決できる問題点の探し方をするべきだと考えていて、例えば、「右のお尻がつらいから、この人は左に倒れている」とか、「そこで姿勢が崩れてしまうのを何とかしようとして脚をピーンと緊張させてしまっている」というのが手で体を触って確かめると分かってくるわけです。そしてその辛さを解決するようにクッションの形状を作っていく、すると長年コントロールすることが難しいとされてきた体の緊張がほどけるように緩んでいくのです。自分の体に置き換えて考えてみると当然のことだと思うのですが、ソファをつくっている人、椅子を作っている人でも、自分が座ってどうか、長時間座っていたいと思うか、ということをあまり考えずにデザインを決めていることも多いと思います。

佐々木　おそらく普通のソファをつくっている人は、標準的な日本人の体の大きさとか、体重とか、ごく標準的な座り方というのを計測して、それ元に制作しているんでしょうね。

野村　いま、佐々木先生が座られているソファはPSD（PINTO SEATING DESIGN）VIOLAというのですが、ピントシリーズのひとつです。

佐々木　このPSD　VIOLAは野村さんなら野村さんに対応するような、圧の配列になる。僕の体なら僕の体に対応するような圧の配列になる。そういう多様な性質を備えているわけでしょうか。そう考えていいですか。

野村　でも、その配列をつくっているのは佐々木先生自身ですよ。

佐々木　確かに。

野村　佐々木先生が、自分が気持ちいいと思う流れをつくっているだけで。

佐々木　PSD　VIOLA はそれに対応する。
野村　そうです。そういうキャパは持っている。
佐々木　普通のソファには、そのキャパはないわけですね？
野村　ないですね。勝手に存在している。
佐々木　無視しているわけですね、その座り方じゃ駄目よと。
野村　人と、関係のないソファがいるわけですよ。
佐々木　だから、なじもう、なじもうとしても、逃げちゃう。
野村　「あなたは勝手にそうして」みたいな感じ。
佐々木　PSD　VIOLA の場合には、座る人にちゃんと応えている。
野村　そうです。だから、この子（PSD　VOLA）は人が座るのを待ってくれてる。
佐々木　PSD　VIOLA さんは何歳ぐらいなの。
野村　今、生まれたばかり。
佐々木　ああ、そうか。じゃあこれ、十年座っていれば、また全然違う PSD　VIOLA になるわけですか。
野村　佐々木先生と PSD　VIOLA との関係性は変わっていくと思います。
佐々木　それ、って催眠じゃないでしょうね（笑）。
野村　まず、佐々木先生の体が変わってくると思います。
佐々木　そういう椅子には、なかなか出合ってないな。そういうふうに言ってもらうと、座ってみようかって気になるね（笑）。そんなにすごい経験をしないのはもったいないから、よし、「長い間、座ってみよう」っていう気持になる。

椅子は支える黒子

野村 もともと私は車椅子にずっと座り続ける人のための椅子をつくっているから、そこには自信があります。椅子はそういうものだと思ってつくっているので。そしてもう一つ椅子について言うと、椅子に座るということは目的にはならないんです。椅子は生活する人を陰で支える黒子です。例えば、このお茶に手を伸ばすときに、楽に手を伸ばして、ちゃんと戻って、お茶が飲めなければいけない。動きを支えてくれる椅子なら楽々動けるけれども、あまり考えられていない椅子だとひとつひとつの動きがギクシャクして、無駄なエネルギーを使って不自然な動きが腰痛に繋がったりする。でもそれは椅子が悪いとはあまり思わないんです。それくらい椅子って生活の中では意識に上がってこない。

佐々木 この椅子の座面の硬さですが、印象としては絶妙に、ちょうどいい硬さですね。全然柔らかくはない、かといって硬くはない。

野村 これが、私たちが車椅子のオーダークッションを作る時に一番よく使う硬さなのです。硬めのウレタンでベースを作って一番表面には2センチの低反発ウレタンを貼っています。ただ、もう少し柔らかいのが好みの方もいらっしゃると思うのでウレタンの硬さもお選びいただけるようにしようかと思っています。

佐々木 体がふれるところの形は、どのように作りますか。

野村 日本人の標準の方、標準ぐらいの体重と身長の方。

佐々木 くぼみがありますね。

「間」のものをつくる

野村　ええ。標準サイズの方の体の形を実際に採って、それをもとに作っています。普通、人の体は対称的ではないのですが、レディメイドの商品にするために対称的に修正を加えます。原型の右側と左側どちらを基準にするのかは、両方とも作って座ってみて判断します。これは二人掛けのソファなので、体の縁の部分の盛り上がりはかなり減らし隣に座る人との境目をなだらかに作っています。同じタイプの一人掛けのソファでは、もう少したっぷりとした縁の盛り上がりをつくり、包み込まれる感じを表現しています。

私は「間」のものをつくる人間で、地面があって、椅子のフレームがあって、人とその「間」をつくるわけです。さりげなく人とフレームと両方に合わせていきつつ、ちゃんと自分の存在も主張する形をそれぞれのフレームに合わせて作っています。たとえばロッキングチェアのこのシェイプをきれいに見せるためにはどんな形状が最も適しているのかをイメージしながら作り上げていく。そこが私のデザインの特徴で最も得意とするところです。それは障害を持ったお子さんとの作業療法の現場で身についてきたことと共通していて、この子だったらこのおもちゃを持って行ったら、こんな風に遊ぶだろう、もう少しこんな風にアレンジしたらもっと楽しめるんじゃないかな、という感覚と同じような気がします。

佐々木　フレームごとに決められている椅子のシェイプ、全体の形、構造というのは、野村さんから見ると、ある具体的な座る人を想定しているということが見えてくる。そこをベースにして面をうまく改変しながら制作していくという感じなのですか。

野村　はい。椅子のデザインも大事、座り心地も大事、生活イメージも大事　それらが合わさったところをイメージして作ります。椅子のフレームを作った人のデザインを崩さずさらに美しく見えるようなシート、そしてそれに座る人の幸福感、それは生活のしやすさ、つまり機能性に裏付けされている。例えば木製の腰掛け椅子のデザインがあったとして、これぐらいの円形で、木の目がきれいに見えるためには、高低差はこれぐらいですという制約の中で、いろいろ試してみて。お尻の持ち上げ角度をどのくらいにするとか、自分で座ってみて試して、ここしかない！という体の感覚で決めていきます。自分の体の感覚が多くの人の体の感覚なのかと言われたら、そこは経験上分かってきているというか。私は年間三〇〇名を超える人の体の型を採っていて、そしてそれぞれの方にそれぞれ違う体の悩みがあって、それを体の仕組みに則って改善する仕事をもう二〇年近くやっているわけで、その都度自分の体で感じることを繰り返し、だから私の体には六千人以上の人の体と真剣に向き合い形作りながら出来上がった普遍的な感覚がある。

椅子の型採りからみえるもの

野村　最初、『包まれるヒト〜〈環境〉の存在論』（佐々木正人編、岩波書店）の中の対談でお話したときは、やり始めて、まだ一〜二年ぐらいのときだったじゃないですか。

佐々木　障害のある子どもたちの椅子をつくる際に使う「採型機」の話でしたね。

野村　そうです。あの時私が地面と自分と障害を持ったその人との体の関係の中で採型する時に地面の感覚を感じるために「靴を脱ぐんです」と言った時に「ああ、そうなんだ」と佐々木先生に言われたのを覚えているのですが、今ではヒールを履いてでもできるようになりました。あのころ椅子を作り始めた頃というのは本当に必死で体を診て、一生懸命向き合って自分の体の中に落とし込んで型採りしていて、だから帰りの車の中ではその患者さんがつらかったところが自分の体の中で痛くなるのです。そういう体験を繰り返しながら、人の体のイメージというのが自分の身体の中にできてきた。

佐々木　今も型採りは続けていらっしゃるのですね。

野村　やっています。人の体の特徴というのは一人ひとり違うので、問題集を毎日解いているような感じです。わりと簡単なところから超難関校までありますが（笑）、毎日解いて正解を導き出すことをことをひたすら繰り返しています。

佐々木　その経験の上澄みみたいな形で、絶妙な形、シェイプのデザインができると考えていいのですね。

野村　そうです。やはり私が目指しているのは、人が座ってみて、はじめて分かる心地良さというものなのです。見た目も、「いいな、きれいだな」と思ってもらえるようにつくろうと思っていますが、重要なのは、人が関わることによって、椅子が役割を持ち始めるということなのです。椅子も人が座ってくれることで生きてくる。人が座った時の方がかっこよく見える椅子。座る人のおかげで、心地よい椅子のおかげで、そういう人と環境との関係が好きなんです。

　だから、居心地の良さのデザインというか、人が、生きててよかったなとか、まだ頑張れそうだなとか、疲れたけど頑張ったなとか、そういう感情が引き起こすような、座る人に「もう大丈夫だよ」と言ってあげられるような存在を作りたい。

佐々木　そこに自分をゆだねられる、そういう場所になるわけですね。

野村　目指しているところはそこですね。

佐々木　普通、「よっこらしょ」と座って、まあ、気持ちのいいのは短時間ですものね。そこから先、さっきおっしゃっていた椅子とのやっかいな「対話」が始まる。

ギブソンの姿勢論

野村　そして椅子の存在は忘れるのです。例えばテレビを見ることに集中したり、お食事をすること、おしゃべりすること。そういう場面で椅子は、本当に支えているだけの存在なのです。そこで椅子に意識が向くと、肝心のするべきことに集中できない。椅子に座ることというのは、生活の中で目的にはならない。けれども姿勢は、全ての行動の基礎となる。空間の中で自分がどのように存在しているかということが、見ること聞くこと触ること味わうことなど人の行動全てに影響している。きっとギブソンが言っていた「基礎定位システム」というものは、そういう意味なのだろうと思います。それがなくては成り立たない、さまざまな相互作用の中のドーンと中心にあるもので、しかも意識されないもの。そのことに関われていることが私はとても楽しいんです。

佐々木　ギブソンは一九六六年の『生態学的知覚システム』（佐々木正人、古山宣洋、三嶋博之訳、東京大学出版会）で、「全身は地面につながる姿勢の階層である」、「身体部位の姿勢は、姿勢の階層が精緻化したものである」、「身体部位は接触する環境表面と同時に知覚される」、「すべての骨の配列は身体主軸に関連する関節角度の集合」であり、「枝分かれするベクトル空間」である。「ベクトル空間である身体は、一つの姿勢から他の姿勢へと動く姿勢の流動である」などというたくさんのフレーズで身体という定位のシステムだという主張をしています。

　ギブソンの議論をベースにして、世界の身体・運動研究では二〇一四年頃から、身体も「媒質」だ、身体はまるで光や振動の情報を伝えている空気のように、それ自体で局所の情報を伝えている、全身は、筋の張力と、張力を支える骨の配列からなる「建築」のようなものだという主張が広がりはじめています。野村さんが言っていることはこの身体観の変化の流れとつながっているなと思います。

野村　ギブソンって、そういうところがほんとに大好き！って思うところで。自分が感じて、見つけた！と思って、言葉にできた時にあらためてギブソンを読むと、必ずギブソンの書籍にはすでにちゃんと表現してあって。それがいつも感動です。

佐々木　とても大胆だと思うギブソンの主張は、彼が、この『生態学的知覚システム』を書いてから半世紀たって、いま野村さんの試みとして実践されているのですね。

野村　本当にそう。

佐々木　身体部位の姿勢、たとえば手や上体の姿勢というのは、全身の階層が精緻化、つまり洗練されたものである。

野村　そうです。

佐々木　どんな部位の姿勢も、地面につながる全身が、そのときに可能なかたちで洗練されたもので、それに呼応しているのが椅子だということですね。ギブソンは「骨格ベクトル空間に皮膚空間が張り付き一つのシステムになっている」とも書いていますが、誕生した時、皮膚は全身に「ぼんやり」と張りついているけれども、その皮膚空間は使われることでだんだんとキメ細やかに分化して行って、部分、部分で感じ方は独特に深まってくる。お尻、背中、手はそれぞれ特別な部位に発達していくというわけです。そういう「分化した皮膚」って、椅子にとって重要ですね。尻にどう対応するのか、背中にどう対応するのか、両腕にどう対応するのか。それらの感覚が「椅子の意味」という全体の知覚を複合してつくるのですね。

体と椅子は一つのシステム

野村　オーダーメイドでつくりながら触って、冷たいところとか、硬いところとかそれは常に感じながら採型していますが、形が正解にたどり着いた時には、本当に血流がよくなって暖かくなって、呼吸が深くなったり、皮膚が柔らかくなったりします。

さっき、普通の椅子の場合は、体とけんかするような関係という話だったのですが、体のほうも添う体になっていくし。皮膚の状態や筋肉が柔らかく優しくなっていくというか、それぞれの筋肉にはちょうどいい長さがあって、それは骨が快適なところに配置されることによって筋肉もちょうどいい長さでニュートラルな状態に配置されることになり、いざというときにスムーズに動くことができるのです。だから、骨も関節も筋肉も、喜んでそこに居たくなるところを探す。それは手で触って、冷たい、硬いといったことで分かるのです。それはある一定の場所だけでなく全身の状態を感じながら丁寧に作っていきます。

佐々木　最初は「ああ、楽だな」というところからはじまって、だんだんなじんでくると、違うフェーズに入る。そのフェーズでは椅子のかたちの知覚も変わるだろうし、身体の側も、いままで十分に自覚していなかった部分が感じられて、ものになじむというか、椅子の多様性に張りつく。

野村　そうですね。

佐々木　結果として、身体と椅子は柔軟な一つのシステムになっていく。

野村　そうです。周りの人との関係とか、生活のさまざまなものとの関係性も、そこから変わってきます。

佐々木　基本的に椅子っていうモノは、ある時間、停留して、ある出来事をこなして、どこかに行く時には置き去りにされるわけだけど、野村さんのつくった椅子は、一つのイベントをこなしながら、また違うことをする時には、そのイベントもこなすという風に存在する。もし家中に野村さんデザインの椅子があるとする、食卓にもあって、ソファもあって、仕事場にもあったりすると、原理的にはイベントの区切れごとのやっかいな姿勢の変更がなくなりますね。椅子のもっている「力」が、生活の場所をやわらかく連続させる。

野村　そう。それを今度は枕などの寝るときに使うものでも表現したいなぁと思っています。私の作る形状には重いところを支えるというポイントがあるのです。たとえば腰が痛い時、よく腰骨を直接支えるためにクッションを入れると思うのです。枕も首の隙間を支えるとか。でも腰の負担、首の負担というのはその上にある骨の重みに耐えられなくなったために起こっている。だから腰骨の上にある肋骨を支えると腰は楽になるし、頭蓋骨を支えると首は楽になるのです。隙間を埋めるのではなく、重いところを支えると、その下の骨も筋肉も負担が減って楽になるというのはとても理にかなっているでしょう。

「福祉の現場」があるからみえる

佐々木　ピントというブランドの多様な製品のラインナップが、起きている時間から寝る時間まで、いろいろな姿勢を全体としてサポートする。そのための工夫がいろいろな家具に潜んでいるというようなイメージでしょうか。そう考えていいですか。

野村　そうです。一人の人の生活を快適にするためのポジショニング的アプローチ、座る時も寝る時も快適なポジショニングを提供するというのは私の中では同じカテゴリーで、また、これは実現できてないですけど、いずれトイレの便座にもたずさわりたいと。重要な暮らしの道具ですから。

だから、いくらでもやれることはあって。しかも、そこは障害を持っている方、お一人お一人のことを考える仕事をやっているからこそ見えてくることなんです。よく、ピントのような一般向けの商品がこれだけ成功してきたら、「野村さん、福祉の業界から離れるんじゃないの」と言う人もいます。いやいや、とんでもない。私は「福祉の現場」があるからこそ作品をつくり出せるわけです。

佐々木　「福祉の現場」が野村さんに発想を与えている。野村さんはそういうルーツをもつデザイナーですね。

野村　私は子どもの作業療法出身なので子どもの姿勢環境を何とかしなきゃという思いがずっとありました。猫背や体の歪みの危険が増えるのは、急に長時間座り続ける生活になる小学校入学後なのです。通園施設で勤めていた時も学校に行くと座る時間が増えるから側彎が進行しやすいという声をよく聞いていて。でも私は作業療法士だから、せっかく座って楽しい活動をするのに、学校に行くことを楽しみにしてほしいのに、そのことが体を悪くするという事実がとても嫌で、体が悪くなることを仕方がないことにしたくなかったんです。だから座って活動しながら機能的な動きを学習できるようにしなくちゃと思っていました。その感覚は、みんなが同じように体験している遊びを障害があるからといってできないことにしたくない、と思ったのと似ているかもしれない。

だから小学生の姿勢環境をなんとかしなくちゃと思っていました。それで、小学校に普及させるためにはどうしたらいいだろう、みんなが使うもので、学校でそれが常識になるためには、と考えてピントスクールという「防災頭巾」をつくったんですよ。姿勢がよくなる防災頭巾です。

それをピーエーエス本社のある大阪府箕面市にもご協力いただいて市内の小学校で試験的

に使ってみました。たまたま、その調査をしているクラスに、私が作ったオーダーメイドの座位保持装置を使っている女の子がいたんです。普通の椅子では座り続けることが難しいからみんなと同じ教室で勉強するために座位保持を使っていたのですが、よく見るとクラスの四十二人の中で一番いい姿勢だったんです。ほかの生徒が姿勢が安定せずゴソゴソしてるのにその子はいい姿勢を持続することができていた。

それが、ピントスクールを他の子が使うようになって、みんなが、座位保持を使っていた女の子と同じように姿勢良くなったんです。これはシートの形状によって「自分の体がどう座ればいいか「わかった」からで、先生も授業をしやすくなるし、子供たちも「集中力がアップした気がする」という声を聞くことができました。

実は、私たちが行ったアンケート調査では、四年生、五年生、六年生の高学年の子どもたち一五〇人のうち五割以上の子どもが、座っているとどこか体が痛くなると答えていました。体が不快だから、体をずらしたり、ベターッと机にもたれたり、足を動かしたり、ゴソゴソしていたとすれば、快適に座る場所がわかるものを用意したら、子どもたちの姿勢がよくなって、ゴソゴソが減るのは当たり前のことだったのです。もちろん痛みも減っていることが使用後のアンケート調査からわかりました。

通常インクルーシブ教育というのは障害を持った子が一般の子どもたちと一緒に学習できるような援助や、障害のない子どもと共に活動できるための道具をつくるという発想で行われます。だけど、このケースはまったく逆で、障害のないと言われている子どもたちが障害のある子どもたちのために作った座位保持装置を使うことで彼らの学習環境の質が高くなった。こういう共生のあり方があるんだということをあらためて確信することができてとっても嬉しくなりました。私が、わかたけ園を辞めてやりたかったことは、まさにこういうことだったからです。

障害を持った方に私がしているサービスというのはスペシャルなことですが、そのスペシャルなことというのは、障害のあるなしにかかわらず、みんなにとっても必要なことだと思うのです。そして、そのスペシャルなことが日常生活に簡単に取り入れることができることに気づいた私がそれを提供することによって、共に一緒に質の高い教育を受けることができる。一人の難しさに向き合い解決するためのアイデアで、みんなが幸せになる。そしてひとりひとりの違いが幅になりみんなが豊かになるということを実践するためにピーエーエスという会社を始めて、ようやく形になってきました。

姿勢を調整する

佐々木　義足をつくっている人に話を伺ったことがあります。義足も基本的にオーダーメイドなんですね。制作で一番重要なのは、その義足が使われる生活の場に行って、どういうところで暮らしていらっしゃるか、山のほうなのか、アスファルトだけの都会なのか、どういうところで主に歩かれているのか、それから家事を毎日こなしている主婦の方なのか、子どもだったら何歳くらいで、どういう風に移動しているのか。生活の中で、義足がどう使われるのかという可能性をつぶさに見ながら、ものすごく細かい調整を義足にほどこしていきます。数カ月かけて調整して、なんとかその方の活動に合ったものになってくるという話を聞いて、なるほどと思ったのですけれども。

自分も年を取って、若いときのようになにも考えずに歩くということはなくて、いつでも腰が痛いし、ちょっと頑張って坂を上ったりすると膝が痛いし。そうすると、周りの歩いている人の見え方が全然変わってきますね。

みんな、なんとかオリジナルな工夫をして歩いている。少なくとも、ある年齢以上の人は、障害とか言われないまでも、足の使い方、接地のさせ方、体重移動の仕方、手の振り方、荷物の持ち方、さまざまだけれども、それがユニークに「発達」していますね。いとおしいというか、これから、ああいうふうに自分も工夫していくんだろうなと見ることも多い。この人の動き方は楽しそうでいいなとか…。ついつい見続けます。若い人は、そういうところはあんまり見えないからつい見過ごしちゃうけれども、きっと若い人にもそういう調整のあらわれはあるはずです。

お話を伺っていて、いま野村さんのつくっているものは、そういう不自由さみたいなところの発見から、人の見方全体を変えるものだとわかりました。すべての人が、きっとある種の工夫しなければうまく達成できない不自由というか、不自由というとちょっと大げさになるかもしれないけれども、なにかを少しずつ少しずつ繰り返し工夫して、それなりの調整の方法を手に入れる。身体について、その周囲のモノについてそういう柔軟で、そして楽観的な見方をみんなが身につけるということですね。

「ピントが入って楽になった、よかったね」ではなく、ピントを通して、みんなが「座る」ということについて、一種の「座道」（笑）のような楽しみ方をはじめる。

正座するということが文化的に始まったときに、長い時間を座るために、やはりみんないろいろと工夫したと思うのですね。ただ、椅子に関してはあまりやれていなかった。それが、ピントを通して人工物である椅子に座るということに自覚的になる。そういうカルチャーがやっと開始している。

「快適さ」をスタンダードに

野村　海外の展示会などへ私が作った椅子を持って行っていつも聞かれることは、「どうしてこんなに気持ちいいの？この形状はどうやって考えたの？」

その度に「わたしは毎日スペシャルなシートをオーダーメイドで作る仕事をしているの‼」って答える。すると「あ～だからね‼」って皆さん笑顔になります。

佐々木　いろいろな文化で暮らしてきた人が集まるところで、ピントを真ん中に置いて、それぞれの方に起こりつつあることを言い合ったら、きっとおもしろいですね。

野村　みんなの意識が変わると思う。自分たちが快適な状態で話し合う話というのは、やはりいい方向に向かうと思います。大事なことを決める人たちが、気持ちよく座って話をしてくれたら、もっと平和になるかもしれない。

佐々木　たくさんの重い障害を持った人たちがずっとだまって経験してきた居心地の悪さを変えるために野村さんは長く努力してきた。その成果がこれから世界中の椅子に居心地のよさとして埋めこまれていく。

野村　その心地よさを常識にしたいです。

佐々木　これまでの人間工学的な「快適さ」というのは、ある標準的な姿勢を基準にしてきた。重力場の中で、理想的な上から下への唯一の積み上げ石という感じですね。そうじゃなくてつながり方をだんだんと探り当てていって到達する「快適さ」、それを探り当てるための場そのものである椅子がある。

たとえば、新幹線の椅子もそれなりに快適だけれども、やはり長く乗っていると疲れますね。でも、乗れば乗るほど、「あなたは新幹線の椅子に支えられるようになるんだよ」、「ちょっと気持ちよくなるために新幹線に乗りませんか」というふうになればいい。ただの移動のためではなくて。ピントを買った人が自宅に椅子を置いているのと同じ感覚で、新幹線も一つの活動の場になる。どの公共的な場の椅子もそうなっていくと、世の中ずいぶん変わりますね。

野村 普通の椅子で編み物をしているシーンを動画で観察したことがあるのですが、体が辛いからどんどん崩れて変な座り方になってしまうのです。そしてそのまま立ち上がると、その癖がそのまま立ち姿にまで影響していて。その積み重ねが体のゆがみや痛みに直接つながっているのですよ。

例えば一時間、二時間、体に意識を向けない時間にどんな姿勢で座っているかによって、そのあとの生活が全部変わってくる。無意識に座っている時間が体をつくるのですね。周りを見渡してもとても残念な座り姿勢であることが多いので、そこを変えていくとずいぶん、生活が快適になる。

東洋からの逆襲

佐々木 きっと東洋からの逆襲ですね（笑）。

野村 そうですか。

佐々木 正座で苦労してきた独特な身体感覚がピント登場の背景にはきっとあったのだと思います。

野村 私が育ってきた福祉の世界でも、欧米化が進んでいるように思うのです。欧米ではモジュール型という調整幅がたくさんある車椅子の開発が進んでいて、調整しながら長くひとつのものを使ったり行政からレンタルして使用するシステムが主流なのです。今、日本でも

「いろいろな人に使えるもの」をどんどんレンタルにするという方向に制度が見直されつつ
あります。私は、欧米のスタイルをそのまま真似るのではなくて、一人のためのオーダーメイドの車椅子を丁寧につくる仕事を日本の福祉の文化として大切に守りつつ進化させるべきだと思っています。それで、日本の一人一人のために丁寧に用具を作る福祉のシステムの中でなければ見つけ出すことができなかった普遍的な心地よさ、それを作り出すことのできる知識と技術をブランドにするために、私はこのPINTO SEATING DESIGN HISAKO NOMURAという店を作りました。この場所から、オーダーメイドシートのすばらしさを表現して広く世界に発信したいと思っています。そして福祉の業界においても、日本らしさを守りつつ逆に世界に発信していくべきものなのではないかということが伝われば…。あ、やっぱり逆襲ですね。（笑）

（この対談はPINTO SEATING DESIGN　東京都南青山において収録。）

おわりに

私自身、多くの出会いの中で生きています。生きることは出会うことだと、そんなふうに考えています。

そして、この本も、多くの出会いの中で生まれました。

私に「子どもの作業療法は遊びだよ」と言ったのは私の父です。父は、泌尿器科医でしたが、脊髄損傷の方や二分脊椎の子どもたちとの出会いから、障害者（児）医療に携わるようになりました。そして、障害をもつ子どもとその親が安心して生きることを支えることに命を賭け、私が作業療法士の養成校に入学した年に亡くなりました。当時、リハビリテーションに携わる人たちの中で、父の存在は大きなものだったようですが、残念なことに、私は父にほとんど何も教えてもらうことができませんでした。たった一つだけ、大好きだった父が私に残してくれたキーワード、それが〝遊び〟だったのです。

具体的に障害をもつ子どもの遊びに関わろうと思ったのは、まだ学生の頃、泣きながら訓練をしている子どもたちを見て疑問を感じたことからです。子どもは、障害の有無に関わらず、遊びの中で育つ、そうあってほしいという願いからのスタートでした。「先生、楽しいね！」というわかたけ園の子どもたちの笑顔が、私に確信を持たせてくれました。この本にあることはすべて、わかたけ園の子どもたちから教えてもらったことです。

遊びを育てるという作業療法は、まったく新しい試みでした。個別訓練が主流の中、新しい方法に最初はお母さん方も戸惑われたことと思います。子どもたちの遊びが豊かになることに価値を感じてついてきて下さり、一緒に成長を喜び合えたことも、持続のエネルギーになりました。

『おとなは、だれも、はじめは子どもだった。（しかし、そのことを忘れずにいるおとなは、いくらもいない）』――星の王子さまの冒頭でサン・テグジュペリはこのように述べていますが、忘れかけていたこの大切なことを私に思い出させてくれたのは、わが家の子どもたちです。子どもがガラクタを拾ってきた時、低い塀の上を歩こうとした時、わざと水たまりに入った時、扇風機に向かってアーと声を出していた時…。「あっ、それ知ってる！」って妙に楽しい気分になりました。そして、子どもの遊びについて気づいたことを次々に語る私の話を、いつも聞いてくれた精神科の作業療法士である夫からは、無条件に受け止めてもらうことで得られる安心感を教えてもらいました。あたりまえの遊びに目を向けることと、子どもが自ら動き出すことを支持的に援助するというスタイルは、家族との生活の中で生まれたものだと思います。

いつも率直な意見を言いながら、最後まで見守ってくれた私の母、そして、いつもバタバタしている私に代わって家庭を守ってくれた夫の母からは、親の愛情の深さをあらためて教えてもらった気がしています。

障害をもつ子どもの遊びを考える時に、子どもの障害に遊びの方を合わせて特殊な働きかけをすることが専門的だとする傾向が強い中で、あたりまえの遊びをあたりまえに、という私の言葉に共感し、力になってくれたわかたけ園のスタッフなしに集団作業療法は成り立ちませんでした。訓練室を飛び出して、遊びの場で関わるといったスタイルを、黙って認めて下さった上司の方々にもこの場をかりてお礼を言いたいと思います。

具体的にこの本ができ上がるきっかけになったのは、協同医書出版社の中村三夫さんが、私の書いた学会論文を見つけて下さったことからでした。六年前の中村さんとの出会いを機に、私の出会いの幅はうんと広がりました。中でも佐々木正人先生との出会い、そしてギブソンの文献との出会いは、自分のこれまでの臨床を深く考え、整理することにつながりました。考えがまとまるまでに、ずいぶんと時間がかかりました。そして、その時間の経過の中で、「伝えたい」という思いがだんだんと膨らんでいくのを感じました。中村さんが快く（辛抱強く）待って下さったおかげたと感謝しています。

バッタのように跳んで（伝えて）みたいと思いました。だけど、跳ぶことは、私にとっては冒険で、跳べるだろうか、本当に跳んでもいいのだろうかと何度も何度も躊躇しました。「がんばれ」と声をかけてくれる多くの仲間との出会いに支えられて、ようやくこの本ができ上がったのだと思っています。

私に跳ぶ勇気を与えてくれた、大切な仲間に……ありがとう。

一九九九年六月

野村寿子

増補新装版あとがき

二〇年がたち、遊び場面のモデルだった娘や息子はすっかり大人になり、今では孫たちがあの頃の子どもたちと同じ年齢になりました。

二歳半の孫と一緒に犬の散歩に行った時のことです。孫はご機嫌にリードを引いて歩き始めましたが、少し行ったところで犬は気になる場所を見つけ立ち止まり、彼がいくら引っ張っても動こうとしません。しばらくすると今度は勢いよく走り出します。自分がコントロールするはずのリードを犬が自分の能力を超えた力で引っ張るという想定外の展開。泣きそうになりながらも、手を放すと犬はどこかに行ってしまうかもしれないことがなんとなくわかっているから、彼は必死で綱引きのような姿勢で踏ん張りました。なんとかそこを乗り切ったと思ったら、次に犬は公園の階段をどんどん登っていきます。そして犬に引っ張られてその日初めて彼は手すりを持たずに公園の階段を登り切ることができたのです。ワクワク楽しいことばかりではなく、ハラハラ、ドキドキ、泣きたくなるような出来事も含めて、本気の遊びが人を成長させる。私は今も子どもたちのキラキラとした遊びの様子を見つけるたびに嬉しくなっています。そして私自身もワクワクを求めて動いては、予期せぬことにぶつかり、様々な感情を伴う経験を積み重ねながら今日を生きています。本気のワクワクが遊びだとすれば、人は生涯遊びの中で成長することができるのではないかと思います。

『遊びを育てる』という本を書いた頃、私は子どもたちにアクティビティを提供するのが得意な作業療法士だと思っていました。今見返してみると、この本の中にもたくさん姿勢に関するアイデアを書いているし、例えば壁の穴に空き缶を入れるシーンなどでは実際に私が体を動きやすいように姿勢をコントロールしています。だけど、当時あまりそのことをクローズアップしてお話しした記憶がないのです。生活の中に入り込んで、そのことを達成させるための活動の分析と段階づけた援助、そして活動に向かうための体の構え、それらをさりげなくサポートすることができれば人は活動を通して自ら発達することができる。この本で私が伝えたかったのは、そういうことだと今の私ならちゃんと説明することができると思いますが、あの頃の私は姿勢と運動に主眼を置いたリハビリテーションの方向性への反発があったのかもしれません。

そして私は当時の職場を辞め、活動に必要な姿勢を調整する道具を作り始めました。

この本に出てくる子どもたちの椅子を今も私は作っています。あの頃彼らの遊びを育てるためにしていた工夫を、今度は生活や仕事、余暇など人生を豊かにするための椅子作りとして行っているのです。

もう成人になった彼らと、数年に一度会って、今も彼らの人生を支える道具の調整をして「大丈夫！」と声をかけることができるのはとても幸せなことです。

遊びをテーマにしていた私が椅子を作り始めた頃、全く違う分野に転向したと戸惑う人も多かったのですが、自分の中で全く矛盾がなかったのは、目的がいずれも目の前にいる彼らの生活を豊かに育むことで、それを軸に私が動いた結果の椅子作りだったからなのだと、このあとがきを書きながら気づきました。復刻のお話を頂いてまた佐々木先生とお話させていただく機会を作っていただき、私は人と環境とのつながりに立ち会う仕事が好きなのだとあらためて感じることができました。書き上げたところがゴールではなく、自分の成長とともにまた新しい発見があるということも知りました。こんな素晴らしいワクワクの時間を作ってくださった那須里山舎の白崎さんに感謝いたします。

子どもと環境がいかに素敵な出会いをするか、私が環境の持つ可能性に気づき目の前の子供が最もワクワクするであろう切り口を見せ、そこから動き出すことを導く。『遊びを育てる』は、そういうリハビリテーションの手法を表現したものでしたが、実際にはリハビリテーションという分野にとどまらず、保育、教育、心理学、といった様々な分野の方に読んでいただき共感の声をいただくことができました。そのたびに、人の育ちの中で大切なことは分野を超えて一緒なのだと感じて嬉しくなりました。この本がみなさまの出会いと気づきのきっかけになり、多くの子どもたちの笑顔につながりますように。

二〇十八年八月

野村寿子

著者・対談者紹介

野村寿子（のむらひさこ）

１９６２年大阪府生まれ。

現在、シーティングデザイナー・作業療法士、㈱ピーエーエス専務取締役。１９８４年より作業療法士。年間３００件を超える採型を行い、1万人以上の姿勢に関する相談や、様々な姿勢に関する悩みを解決。５年間で累計１７万台販売のp!ntoをはじめ、すべてのピントシリーズをデザイン。論文に「知覚と行為の始まりを作る――自ら発達するシーティングセラピー」（「現代思想」２００７年５月号、青土社）、「世界とつながる椅子――シーティングセラピー」（佐々木正人氏との対談、『包まれるヒト』所収、岩波書店）などがある。

佐々木正人（ささきまさと）

１９５２年北海道生まれ。

現在、多摩美術大学教授・東京大学名誉教授。生態心理学。主な著書に『新版　アフォーダンス』（岩波科学ライブラリー）、『ダーウィン的方法』、『包まれるヒト』（以上、岩波書店）、『アフォーダンス入門』（講談社学術文庫）、『アフォーダンスと行為』（共編著・金子書房）、『レイアウトの法則』（春秋社）訳書に、ジェームズ・ギブソン著『生態学的知覚システム』（共訳・東京大学出版会）、エレノア・Ｊ．ギブソン著『アフォーダンスの発見』（共訳・岩波書店）などがある。

増補新装版　**遊びを育てる**

出会いと動きがひらく子どもの世界

２０１８年１０月２０日　初版第一刷発行

著者　野村寿子

対談　野村寿子＋佐々木正人

装画　清野ミナ

イラスト　冨澤則子

装丁　albireo Inc.

発行者　白崎一裕

発行所　株式会社那須里山舎

〒324-0235 栃木県大田原市堀之内 625-24

電話０２８７－４７－７６２０　ＦＡＸ０２８７－５４－４８２４

http://www.nasu-satoyamasya.com/

印刷・製本　株式会社　シナノパブリッシングプレス

定価はカバーに表示してあります。　ISBN978-4-909515-00-1　C3037